JN410399

소소리
소소리
소소리

성춘복 수필집

길을 가노라면

저자 성춘복

·경북 상주 출생, 부산에서 성장
·성균관 대학교 졸업
·『현대문학』으로 등단
·을유문화사, 삼성출판사 편집국장 역임
·한국문인협회 이사장 역임
·월탄문학상, 한국시인협회상, 서울시문화상 수상
·시집 『오지행』 『혼자 사는 집』 『마음의 불』 등
·현재 『문학시대』 발행인, 문학의 집·서울 이사 등

길을 가노라면

성춘복 수필집

1판 1쇄 인쇄/ 2007년 4월 30일
1판 1쇄 발행/ 2007년 5월 5일
재판 발행 / 2007년 5월 25일

지은이 / 성 춘 복
펴낸이 / 우 희 정
펴낸곳 / 도서출판 소소리
등록 / 제300-2007-21호
주소 110-521 서울 종로구 명륜동 1가 33-90
경주이씨 중앙회빌딩 302-1호
전화 / 765-5663, 766-5663(Fax)
www. sosori.net

*저자와의 협약에 의해 인지는 생략합니다. 값 10,000 원

ISBN 978-89-959287-3-8 03810

길을 가노라면

성춘복 수필집

삼십대 후반부터 하얗게 바래어버린, 또 그 숱도
점점 엷어버린, 내 머리칼에 대한 나의 갈망은
오로지 하늘로만 뻗어가는 ……

성춘복

■

책을 내면서

다섯 번째의 수필집을 내놓는다. 2001년의 『보이지 않는 세상』을 엮은 이후의 것들로, 반반한 글들이 눈에 띄질 않는다. 그러나 어지럽기가 그지없기에 대충 정리할 양으로 분리해 본 것들이다.

고희문집을 간행할 때도 시집만 두어 권은 될 성싶어 엄두를 내지 못했는데, 마침 소장품들을 다소 정리할 기회를 얻어 수필 몇 편을 먼저 세상에 내보이기로 한다.

철들기는커녕 이왕 어리광을 버리지 못할 바에야 못난 자식 껴안고 살 필요는 없겠다 싶은 용기도 내 삶의 일단임에 틀림없으렷다. 많은 가르침과 편복(鞭扑)을 바란다.

정해년 늦봄에

성춘복

성춘복 수필집

길을 가노라면

▷ 차 례

제1부 가량맞은 생각들

성춘복 수필집

길을 가노라면

제2부 바람의 여로

제3부 타령과 넋두리

성춘복 수필집

길을 가노라면

제4부 이런 저런

제1부

가량맞은 생각들

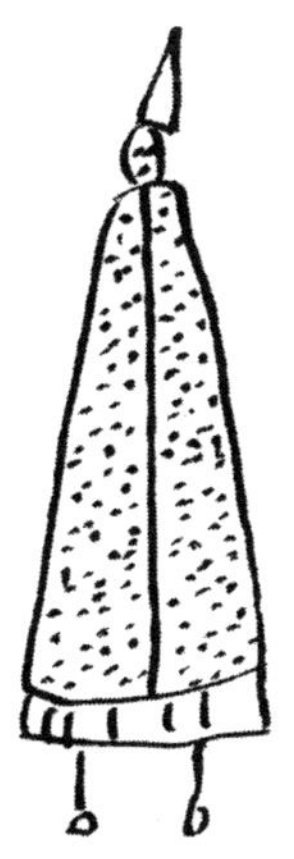

짐 작

말로 따져 정반대의 견해가 하나로 묶인다면 분명 그 생각은 모순에 빠지리라. 그런데 요즘 나는 이 모순의 중간 지점에서 아주 즐거운 나날을 보내고 있다.

꼭은 매일이 아니라도 이른 새벽에 찾아가는 한강변의 한 둔치에서, 이 양립할 수 없는 관계의 접합을 보기에 나는 여념이 없다.

그 까닭의 하나는, 이미 겨울나기가 끝난 봄의 중턱에서 청둥오리 한 쌍이 그대로 이 강가에 계속 머물고 있다는 사실이다. 또 다른 하나는 이들 물오리의 금슬지락(琴瑟之樂)을 보기 위해 거의 매일 새벽이면 뜬눈으로 찾아가는 내 친구 B내외의 행동이다.

청둥오리의 배필관계는 익히 알려진 바이지만, 수컷이 날개를 다쳐 날지 못하기 때문에 암컷까지 그 자리에 주저앉은 모양이다.

이들은 우리 일행이 이따금 운동 삼아 찾는 그 강가에서 이젠 붙박이 노릇을 할뿐더러, 암컷은 하루에 하나씩 알을 낳아서 B의 소득을 만만치 않게 돕고 있다는 사실이고, 또 나도 나들이에 동행하여 그 즐거움을 같이한다는 것이다.

강변의 길은 세 가닥이다. 청담동에서 자동차 전용도로인 올림픽대로 밑으로 굴다리를 빠져 나가면 앞이 툭 트인 강변이 된다. 그곳엔 자전거와 뜀질을 하도록 된 적당한 넓이의 아스팔트길이 하나 더 있고, 그 아래로 강물에 붙은 아주 좁은 산책로가 있다.

우리는 주로 이 길을 따라 압구정동과 신사동까지 걷는데, 그 길이가 2킬로쯤 된다. 왕복을 하게 되면 십리 길은 족히 됨직하여 운동하기에 안성맞춤이다. 나의 경우 다른 운동을 따로 하지 않아도 등에 땀이 밸 정도의 거리이다.

어느 하룻날 B는 아내를 대동하고 이 길의 둑방에서 오리알 하나를 줍게 되었고, 부상한 수컷과 그의 충실한 내조자 암컷의 안쓰러워하는 모습을 발견했다고 내게 귀띔을 했다.

오리알이 대여섯 냉장고에 쌓여 갈 무렵, 하루라도 그 알을 찾지 못했을 땐 다른 산보자에게 혹 빼앗기지나 않을까 하여 B의 아내는 여간 성화를 부리지 않는 모양이었다.

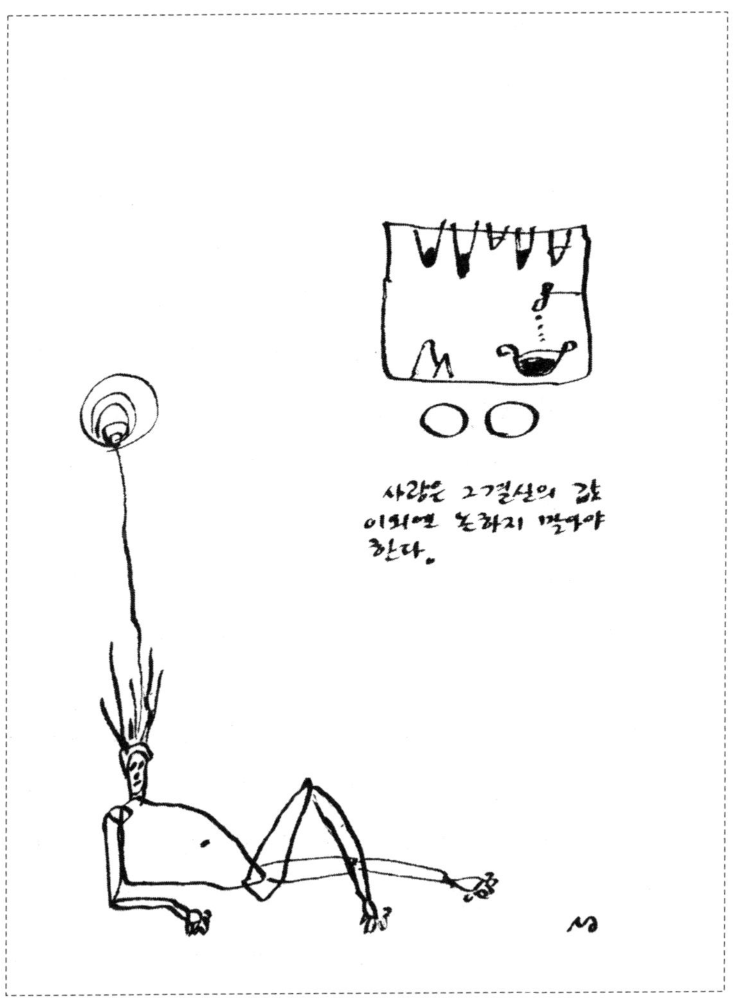
사랑은 그 결실의 값
이외엔 논하지 말아야
한다.

그래서 B는 갓밝이가 시작되지도 않은 밤중에 알 찾기의 걸음을 재촉하게 되고 나아가 우리들에겐 또 가엾은 모습으로 비치게 됐다.

이 오리알은 물가의 흙이나 모랫더미 혹은 작은 돌덩어리들 사이에 떨어져 간혹 생채기를 보이는 것도 있었다 한다.

우리는 그 알의 처리 문제로 전전긍긍했다. 그런 논의의 어느 날, 우리들 앞에 여남은 개의 알이 담긴 바구니가 놓여졌다. 가까운 부화장을 찾아 새끼를 얻으면 그 어미 아비 앞에 놓아보자는 논란과는 달리, P가 날쌔게 이빨로 날계란을 먹듯 시식을 해버린 일이 그날 생겼다.

그 다음다음으로 막 쏟아낸 분홍빛 애기들의 살과도 같은 싱그런 알을 Y는 손녀에게 보인다며 주머니에 담고 내놓지 않는 일도 생겼다.

이들 사건은 부상한 수컷의 애처로움과 암컷의 가엾은 뒷바라지를 본 B와 우리 몇몇의 겉가량으로 이루어진 짐작에는 얼토당토않은 사건이었다. 언젠가 잠시잠깐 B의 바람기 때문에 아내로부터 눈총을 받아 시달림을 받던 때도 돌이켜졌다. 그때의 곤혹스럽기 그지없던 우리들의 속가량이 하나로 묶여지는 여러 짐작들 때문에 의견이 분분한 일이 있었다.

이 겉가량과 속가량은 같은 '짐작으로 발생되었지만' 전혀 반대로 해석되어 마땅한 말들이었다. 그 모순의 틈바구니에서 나는 묘하게도 한 결론을 표출해 내었다.

사랑은 그 결실의 값 이외엔 논하지 말아야 한다. 그런데 큰 몫의 부가가치는 언제건 함께 한다는 사실을 이번 일로 하여 알게 되었다. 사랑의 구성요소와 그 작용의 차이는 심리적 생물적 측면도 고려해 봄직한 일이란 엄연한 사실 때문이다.

다 리

일요일이 되면 나는 어김없이 한강의 다리 하나를 보고 달려 나가다가 난간이 길을 나누어 놓는 곳에서 오른쪽으로 돌아 올림픽도로를 택하게 된다. 서울에 있는 성수대교이다. 10년도 더 넘게 일요일 새벽이면 이렇듯 길을 돌아 분당으로 빠지는 고가도로를 달린다. 그곳에 혼자 살고 계시는 어머니와 아침을 먹고 교회로 모셔가기 위한 행차 때문이다. 일 년이면 예순 번쯤의 일로, 다른 목적의 통행까지 합치면 1백 번도 넘는 숫자를 헤아릴 수 있다.

이 다리는 몇 해 전 새벽 출근과 등교를 하던 학생 및 시민들을 태운 차들이 갑자기 강바닥으로 쓸려들어 참사를 당한 그 현장이다. 그런 연유로 이 다리의 난간엔 시작과 함께 작은 판잣집 같은 감시 초소가 놓이게 되었다.

강남의 압구정동으로부터 한강을 가로지르는 다리의 난간에다 감시인을 앉게 한 자리인데, 바로 그 위험하기 짝이 없는 모서리에 승용차 한 대가 늘 서 있다. 누군가 이 길을 달리다가 고장이 났거나 사고를 당해 임시로 끌어다 놓은 것 같으나 실은 감시원이 타고 와서 정차해 놓은 것이다.

이른 새벽에 그 감시원을 찾기는 힘들다. 그러나 한낮에 이 길을 지날 때면 초소의 유리창 밖으로 날카로운 눈길을 보내는 낌새를 보게 된다. 이곳을 통과하는 짐차들의 과적 여부를 살펴서, 교량의 안위나 손상을 보전코자 당국이 취한 조치임을 쉽게 알 수 있다.

이켠만이 아니다. 다리의 저켠에도 감시는 해야 하고 또 있어야만 했다. 이 다리를 건너기 위한 진입로가 그때까진 완성되지 않았으므로 초소가 양쪽뿐이지만, 완공이 되는 날은 여러 경로로 이 다리를 건너야 하게끔 되어 있어서 곳곳에다 초소를 마련하고 감시인도 두어야 할 것 같다.

한강의 다리는 날로 늘어나 현재 스무댓은 넘는 듯싶다. 경부선 철교와 함께 제일한강교 및 광나루께의 광진교뿐이던 때는 옛날 옛적의 이야기이다. 이렇듯 많은 수의 다리에 앞뒤 두 군데만이 아니라 출입구마다 초소를 두어야 한다면, 그리고 감시원도 3교대로 근무시켜야 한다면 수백 명의 인원이 필요하게 된다. 거기에다 테러나 변란 등 위험한 사태에 대한 안전을 위해 모든 철교까지 다 지켜야 하고 안전요원까지 머물게 한다면 엄청난 사람들이 동원되어야 한다. 또 장비와 인원은 많을수록 보장이 되느니만치 그 심각성은 더 말할 필요가 없게 된다.

그런 중요성에 비하면 우리의 한강교는 거의 모두 대교라는 그럴듯한 이름을 붙이기는 했으나(일본의 영향인지는 모르나), 그 값에 따른 장중미나 조형미는 전혀 찾아볼 수가 없는 것 같다. 앞서의 성수대교 붕괴를 통하여 다른 나라의 그것과 비교하면, 우린 단순의 실용성에만 급급했지 건축미나 예술성 따위는 전혀 고려하지 않아 삭막하기 이를 데 없다. 실제로 관광 등 나들이를 통해서, 영화 및 논픽션, 기타의 기록화를 통해 본 다른 나라의 경우와는 상당한 차이가 있음을 실감하게 된다. 우리들 뇌리 속에 깊이 각인되고 영향을 준 예를 들어보아도 부정할 수가 없을 듯싶다.

제2차 세계대전 때 영미군 포로들의 피와 눈물로 이룩된 '콰이강의 다리'는 우리도 잊을 수가 없다. 그리고 파리의 중심을 흐르는 센 강의 여러 다리도, 예컨대 '퐁네프(다리)'도 영화로 널리 알려진 얘기이다. 수리중인 이 다리에서 거지(남)와 가출 소녀 사이의 사랑과 애욕으로 진한 아름다움이 펼쳐지는데, 그 순수의 삶과 철학으로 하여 우리들 가슴에 흠뻑 안겨든다. 뿐만 아니라 바로 그 근처의 '미라보 다리'는 아뽈리네르의 동명의 시로, "손에 손을 맞잡고/ 얼굴을 맞댈 때/ 우리의 팔이 맺어주는 다리 아래/ 영원한 시선의 거친 물결은 지나고…"가 온 세계인의 입에 회자되지 않았는가.

어디 그뿐이랴. 알렉산드르 3세교이며 예술교라는 아르(Pont des Arts)교는 특히 차가 통행하지 못하도록 되어 있는 아름다운 다리이다.

로마의 테베레 강에는 산탄젤로 다리가 있다. 푸치니의 오페라 「토스카」에 등장하는 무대로, 옛적 페스트가 만연했을 때 미카엘 천사가 나타나 전염병을 퇴치했다는 이야기를 안고 있고, 체코의 프라하를 흐르는 몰다우 강의 카르 다리는 스메타나의 기념관과 함께 예술혼을 듬뿍 구가하고 있으며, 헝가리의 수도 부다페스트를 가로지르는 쇠사슬로 된 세체니 다리는 비 오는 날이면 더욱 아름답다. 왕실의 애처로운 사랑으로 비극을 낳은 파리의 개선문

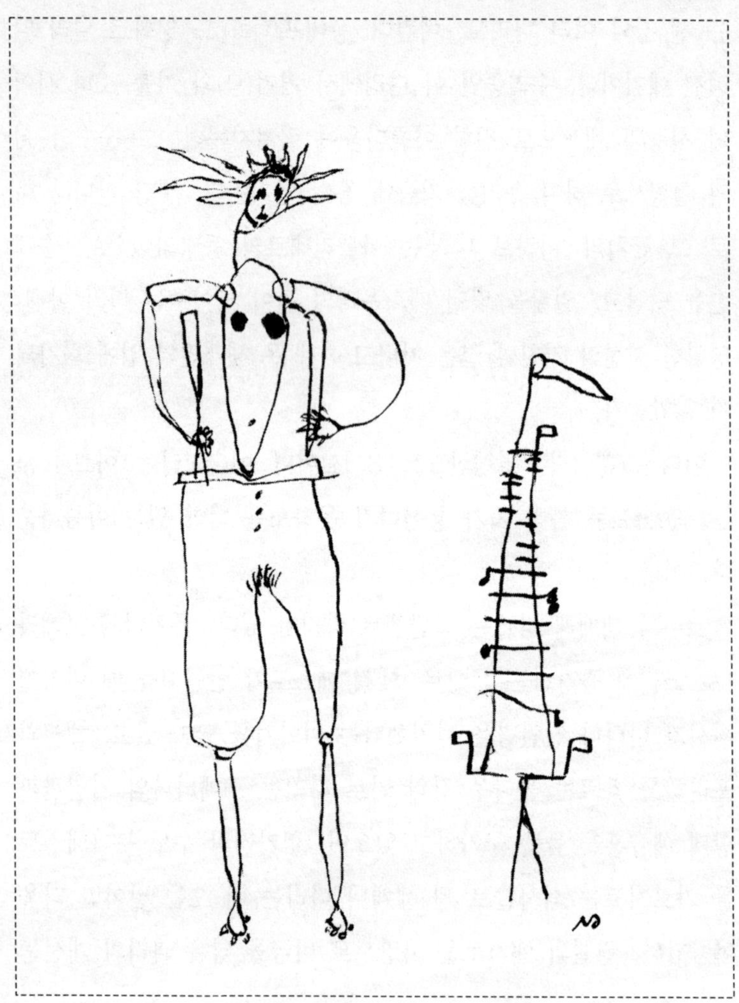

을 바라보는 그런 기분을 준다. 특히 근자에 소설과 영화로 소개된 '메디슨 카운티의 다리'만 해도 실제로는 작은 시골 마을의 볼품없는 다리였다. 이 얘기 속의 은밀한 사랑을 그 자식들이 찾아내어 관광명소로 띄워 많은 사람들을 들끓케 한다.

다리는 이와 같이 그저 물길을 건네준다는 교통 이외에도 이승과 저승, 현실과 꿈의 접점으로 어떤 단계나 역할을 상징하는 경우가 더 많은 것 같다. 또 한 도시의 상징물로 피안과 차안을 이어주는 표징물로 등장하는 예를 우린 수없이 본다. 특히 이들 다리는 대개 문학적 전승 혹은 그들 특징과 전설로서 그 고장인의 정신사적 내용을 추상을 넘어 구상으로 승화시키는 역할까지 떠맡고 있다. 대개는 비극적이지만 아름답고 장중한 몸체로 그 나라와 민족의 정체성마저 드러내준다.

실제로 다리는 세속적 현실을 극화시켜 높은 정신으로 승화시킬뿐더러, 오늘을 옛에 잇대게 하여 전통 혹은 정통의 몫까지 설계해 내는 구실을 담당한다. 오래된 사찰을 찾으면 반드시 그 진입로엔 물길이 놓이고 다리가 걸리기 마련이다. 다리를 넘을 때 마음을 씻고 세속의 먼지를 닦는다는 세심교(洗心橋), 그래야 부처를 뵙게 되는 탈속교(脫俗橋)가 된다. 이를 본뜬 듯 궁궐도 정치적 티끌을 씻는 냇물 위에 다리를 놓고 왕궁이나 조정으로 드나들게 하고 있다. 경복궁이 그러하고, 창덕궁이 그런 절차를 밟게 한 까닭은 혼탁해진 세속 마음을 경계하는 설계로 비롯된 것이다.

그렇다면 다리는 그런 의미를 수용하는 장중미와 건축미를 지녀야 한다. 그런데 오늘 우리의 형편과 실정은 그런 형식과 정신과 분위기를 전혀 도외시하기에 아름다움과 신선미가 없어진 것 같다.

감시자가 시민을 감시해야 하는 이 불신(不信)의 시대에 한 고장의 상징물로 초소를 마련해야 한다면, 우리의 숱한 다리들은 언제 그런 정신을 품고 그 자리에 놓일지 참으로 걱정스럽기만 하다.

도산공원

하루에 한 번씩은 빠짐없이 출입을 하는 데가 내게도 있다. 물론 직장이라는 데 나다니는 것을 가리키는 것은 아니다. 뒷간 출입을 꼭 해야 하는 동물들의 생리작용이나 버릇 따위를 지칭하지도 않는다.

나이 들어가면서, 아니 요즘은 나잇살을 먹지 않아도 체력과 몸매를 위해 누구나 찾아다니는 체력 단련식의 그런 호사스럼은 더더욱 아니다.

그런 곳은 내 스스로에 걸맞지 않다고 단정을 내리고 있을 뿐더러 아직은 매우 서먹한 듯싶어 피하고 있다.

지금 내가 기거하는 집이란 데서 그리 멀리 않은, 걸어서 4백 걸음 밖에 안되는 공원이 하나 있다. 이곳을 매일 드나드는 것을 두고 하는 말이다.

도산공원이다. 근세의 선각자이신 안창호 선생을 기리기 위하여 서울의 강남을 개발할 무렵 논현동과 신사동 그리고 압구정동에 공터를 마련하여 망우리 공동묘지에 계시던 그 내외분을 이곳으로 모시고 와서 '도산 기념관'과 사업회도 함께 두고 있는 곳으로 매우 뜻 깊은 장소이다.

수목도 제법 울창하여 여름엔 그늘도 좋을 뿐더러 철마다 다른 꽃도 볼 수 있게끔 상당한 배려와 관리를 하고 있는 편이라, 이웃 사람들이 아침저녁으로 드나들며 거닐거나 달리기를 하는 장소로 쓰이고 있다.

알맞은 보도를 흙길로도 만들어 놓고 따로 탄력 좋은 콜탈을 다져 두어 아이들이 뜀박질을 해도 크게 다치지 않게 해놓았다. 세심한 관리를 하고 있는 편이다.

한창 유행인 듯 싶은 애완견들도 마음놓고 산책하기 좋게 방뇨물 처리의 기구 따위도 고루 갖추어 놓아 어쩌면 일등국가의 그것과 진배없어 보인다.

그러나 그런 일로 내가 매일 혜택을 받는 것은 아니다. 어쩌다 그 근처에 손뼘만한 처소를 마련했기에 이른 저녁에 귀가를 하는 날이면 심심파적으로 드나들던 것이 이젠 버릇이 되어 아주 품을 바꾸어 놓은 셈이다.

대개는 해가 기울기 시작할 어둠 직전에 공원의 한적한 숲길을 걷는 재미란 자연스러워서도 좋고 솔솔한 생각을 하기에도 알맞아 버릇처럼 바뀐 듯하다.

그 버릇에 덧붙여져 한두 가지씩 또 이곳에서 치르는 일이 있다. 나로선 자연스러우나 남이 보기엔 이상타 싶을 때도 있는 것 같으나 무슨 대수랴 싶다.

공원으로 들어서기까지는 나의 예사스런 걸음에 별다른 이상이 없다. 하지만 공원의 문턱을 넘어서 오른켠으로 몸을 돌리면 나는 아주 의식적인 그리고 의도적인 몸짓에 일부러 둔한 걸음걸이를 보인다.

그곳 오른켠의 첫머리에 돌판을 깎아 세운 비석이 하나 있다. 안병욱 선생이 도산 선생의 사상을 그분의 글에서 발췌하여 새겨 놓은 다섯 가지 문단으로 되어 있다.

나는 가만하게 서서 다섯 줄의 글을 낱낱 읽어 나간다. 이 공원에 내가 들어서는 날은 반드시 이런 행동을 한다.

도산 안창호 선생의 5대 정신을 줄여서 한 줄씩 묵독(默讀)할

“진리는 반드시 따르는
자가 있고 정의는 꼭 이
루어진다”—도산의 확신

수 있게 해 놓았는데, 속으로 그 글을 읽은 다음 내 귀에도 또렷이 들리도록 소리 내어 내가 답을 하는 것이다.

그런 때에 마침 곁을 지나는 사람이 있다면 갑작스런 나의 발성 '네' 하는 말에 의아스런 표정을 짓기는 너무도 당연하다. 내가 좀은 정신나간 사람으로 비쳐 힐끗 나를 뒤돌아보기 십상이다.

도산의 첫 번째 사상이란 "당신은 이 나라의 주인입니까" 하는 물음이다. 자주(自主) 정신을 가져야 한다는 말이다.

두 번째는 "진리는 반드시 따르는 자가 있고 정의는 꼭 이루어진다"는 그분의 확신에 나는 다시 "네, 그렇습니다" 하고 내 신념인 양 소리내어 답한다.

세 번째로는 "사랑하는 마음으로 빙그레 웃는 세상을 만들자"는 협동정신에 대하여도 실제로는 내가 이루지 못하고 있으나 그것이 너무도 당연하기에 "네, 그러겠습니다" 하고 또한 답을 한다.

네 번째는 "사람을 가리켜서 개조하는 동물"로서의 변화가 자기혁신을 꾀하자는 철학에 나도 적극 호응함으로써 서슴없이 "네" 하고 소리내어 말한다.

끝으로 "밥을 먹어도 독립을 위해, 잠을 자도 독립을 위한다"는 애국정신인데, 그 분이 처했던 그 시대의 간절함이었으나 이런 정신은 오늘의 통일에 대한 소망이어도 좋겠고 세계화 속에서 자신을 찾으려는 의식이어도 괜찮다 싶다. 얼른 나는 “네”라고 답한 다음 비로소 길을 재촉한다. 이 재촉의 뜻은 여느 때의 걸음으로 공원 안의 길을 간다는 것이다.

거듭해 두서너 바퀴를 돈다. 그 길 옆으로는 여러 개의 석물 또는 자연석이 있는데, 어느 것이나 도산의 말씀을 새겨두고 있다.

예컨대 “낙망(落望)은 청년의 죽임이요, 청년이 죽으면 민족이 죽는다”는 경세의 충정도 호소하고 있다. 이런 류까지 모두 읽은 다음 앞으로 나아가는 버릇도 이제 생겨나 있다.

특히 공원의 중심부가 될 만한 곳에 최근 조성한 동상이 자리잡고 있다. 삼성전자에서 헌납한 것으로 무실역행(務實力行)과 대공주의(大公主義)의 결의가 넘치는 선생의 모습이 뚜렷하다.

여름 무더위가 극성일 때는 쓰름매미며 벌레들이 한꺼번에 울어제쳐 장관을 이룬다. 비록 미물들의 울음이기는 하나, 같이 출발해서 함께 끝내는 품이 여간 대수로운 게 아니다. 이런 자연의 대합창을 서울이라는 거대한 도시의 한가운데서 듣다니 여간 고맙지 않다.

또 넓은 잔디밭에서 깨금질을 해대는 까치며, 도산의 조상 위

어깨에 올라 머리를 갸우뚱거리며 세상을 생각하는 비둘기도 의미심장한 듯하다.

다만 이 공원으로 나아가는 지번(地番)이 소한강과는 아무 관련도 없는데 리버사이드란 불분명의 외래어 호칭이 붙어서, 그리고 그 앞길에 도열한 국적 불명의 상호들이 좀은 안타깝고 어색하다는 생각을 종종 할 뿐이다.

한 끼니때

버르장이 없는 노릇을 또 한 모양이다. 떠날 임시해서 거듭 다짐을 한 일이건만, 워낙 갑자기 다른 견해를 강하게 내놓는 바람에 마지못해 넘겨준 것이 지금까지 후회스럽기만 한다.

그날은 분명히 내가 낼 차례였고, 또 내가 고집스럽게 정한 밥집이었다. 두어 달 남짓에 한 번 꼴로 돌아가며 마련하는 기회라, 점심은 그리 큰 부담을 주지 않는다. 그러나 워낙 조심스런 사이이고 또 그렇도록 약조가 되어 있는 터였기에 나는 여태도 그저 앙앙이다.

시인들 몇몇의 오랜 관행이었다. 그날은 한강을 끼고 한참을 올라가는, 너나없이 얼마 전부터 짬만 생기면 나선다는 양평행의 강변길 나들이였던 것이다.

몇 차례 지나치다가 얼핏 본 입간판이 눈에 서려 꽤나 궁금하던 참인데, 얼마쯤 파악이 되어 그날 안내하기로 했었다. 대문짝보다는 훨씬 큰 널판때기에 하얀 칠을 바탕색으로 해 놓고 그 한가운데에 두어 자의 한글과 한자를 엇바꾸어 써넣었을 뿐, 그곳이 찻집인지 밥집인지 여숙(旅宿)인지 무슨 다른 꿍꿍이속이 있는지 전혀 나타낸 바가 없으므로 누구라도 답답키는 마찬가지였으리란 생각이다.

얼마나 자신이 있었으면 저토록 도도하랴 싶기도 했고, 무슨 값비싼 멤버십이라도 있어 뻐기기라도 할 양으로 궁금증을 품게 하느냐 싶어 몇 번 좋게 참아왔다.

그런데 마침 그 근방에 얼마 전부터 거처를 옮겨 살고 있는 소설가를 만났기에 다짜고짜로 물어보았다. 꽤나 그럴듯한 음식을 낸다고 했다.

여러 날도 못 참고 부랴부랴 날을 잡아 나선 길이 그날이다.

실은 그때까지를 못 참아 조급히 혼자 찾아간 일도 있다. 막상 문을 두드렸으나 예약이 없다고 해서 그냥 밀려났기에, 그날은 단단히 마음을 다잡아먹고 갔다. 의당 초청자는 나였고, 내가 그 셈도 담당하는 것이 순서요 도리였던 것이다. 원래 사람을 불러

대접하면 그 뒤치다꺼리를 해야 하는 법, 그것이 관행이라면 그렇게 되어야 내 직성도 풀릴 일이다.

그 외에도 먹거리의 질과 봉사의 깊이가 더더욱 괜찮은 판정을 받게 된다면 내 기분은 절로 치솟고 한 층 높이로 칭찬이면 더욱 으쓱해지는 법이다. 그런 품이 유독 나만의 자만은 아닐 터이다.

아무튼 그곳을 소개한 소설가의 얘기는 요리를 하는 이가 그 집 부인인데 유럽의 어딘가에 유학도 다녀온 경륜의 젊은이로 맛과 멋을 곁들여 여간 품위스럽지 않다는 말이었다. 나는 마음까지 들떠 있던 참이다.

넓은 홀에 여기저기 차분하게 얽어 놓은 분위기도 약간 즐길 수 있어 괜찮겠다는 인상을 밟고 들어설 수 있었다. 실은 그 발밟음은 광목천이지만. 본체의 음식이나 식전의 그것도 그러하고, 후식 따위도 남다르게 낸다 싶으면 고소하기가 이를 데 없는 노릇이다.

그날은 비마저 내렸다. 마른 장마 끝에 소나기 성향의 집중호우가 간간 섞였으나, 늦더위에 내리는 비라 더없이 시원하고 통쾌했다. 마음과 몸이 한꺼번에 시원해지는 듯했다. 더욱이 아주 널따랗게 일으켜 놓은 창틀 안으로 비를 맞은 나무 잎새들이 싱그럽게 춤을 추고 있어 한결 신명나는 풍경에 우리가 놓인 것이다.

방 안임에도 소나기가 쏟아내는 빗소리는 깡그리 들이쳐 상쾌하기가 이를 데 없다. 우리가 잡은 자리에서 얼마 떨어진 건너편 창밖으로는 하늘까지 꿰뚫려 있어서 여름내 땀에 찌든 마음속을 다 헹궈내는 양했다.

예기치 못한 이런 상황에 놓이자 조병화 시인이 자리잡기가 무섭게 뱉은 말씀이시다.

"좌우당간, 오늘의 점심은 내가 내는 거여."

이미 약조되어 신의로움을 지켜야 하는 법이라고 늘 다짐하던 그분이, 일시에 그것을 팽개치고 나서서 우리 일행은 어안이 벙벙할 수밖에 없었다.

허영자 시인은 옆자리에 앉았다가 건너편으로 내게 눈을 주며 '잠자코 있으라'는 시늉이다. 그 특유의 눈치를 그렇게 보내왔던 것이다. 그것은 '저 영감의 고집을 꺾을 사람은 이 세상에 아무도 없다'는 뜻이리라.

식사는 그대로 감탄의 연속으로 이어졌고, 간간이 끼닛거리의 의아스러움을 묻는 말 이외엔 늘 예사스럽지 않은 솜씨에 마냥 찬사를 쏟아붓고 있었다.

입 안으로 들기가 무섭게 녹아버리는 음식의 빈 접시를 잇따라 내어놓으면서, 그 집의 특별한 맛과 먹과 빛깔을 내처 감상해 갔다. 이렇듯 얼마가 지난 다음에 내가 그 집 주인을 청했다.

그것은 일행 넷이 하나씩의 큰 접시를 각각 받아놓고 있을 때였다. 접시에 엄지손가락의 손톱만한 바닷게 두 마리가 홀랑 벗긴 채 한가운데로 상대를 향해 달려들며 부딪칠 듯한 자세인데, 요리를 하면서 뜨거운 기름에 튀긴 자국이나 또 그런 빛깔은 전혀 뒤집어쓰지 않고 있어서 마치 두 마리의 게가 반대켠 끝머리에서 시작할 때 이미 꼿꼿하게 자세를 일으켜 세운 양했다.

이 두 마리의 작은 동물이 다같이 어기적거리며 다가와 몸집 크기의 공간을 두고 거기 딱 멈춰 서서 상대를 노려보고 있는 품새인데, 저들이 걸어온 자국들도 정확하게 점 찍혀 표시되어 있었다. 자두빛의 자취를 흰 접시 바닥에 남기고 있는 양은 얼마나 저들이 신중한가, 또 얼마나 다부진가를 보여주는 듯했다.

접시의 한가운데서 진행되는 두 씨름꾼의 저켠은 그릇 빛의 맑음으로 빈 공간이지만, 이켠 포식자의 내 앞으로는 파란 나뭇잎을 가루로 내어 흩뿌려 놓아서 잔디밭 같다는 생각도 들었다. 전체로 보아 그림스럽기가 여간이 아니었다.

아니, 그보다는 푸른 이끼가 잔뜩 낀 솔밭 근처의 널따란 동상 같기도 했고, 다시 보면 파래 따위가 잔뜩 깔린 바닷가의 마당바위에 다름 아니다.

더 이상 주인에게 얘기를 붙여볼 말도 그리고 이 그림들을 한 폭씩 받아 안고 쉽게 부숴내거나 무너뜨릴 용기도 누구건 없었는지 한참을 내려다보고만 있었다.

평소에 여러 까닭으로 하여 전혀 입에 대지 않던 음식들도 상상을 초월하는 이들 여러 재료 앞에서 잠시 주춤했다가도 즐겨 외도를 하기 마련이었다. 통쾌함과 함께 스스로 즐거움을 찾는 이런 일은 다른 방향으로 자극을 주는 모양이다.

대수롭지 않게 조선생의 점심값 지불 고집에 찍소리 못하고 동의해버린 나는, 그제서야 무슨 권리라도 빼앗긴 양 서운한 생각을 갖게 되었다.

한 끼의 밥값이 아니라 끼니때와 먹을거리의 두 측면에서 기회를 다 상실한 일은 나로선 분명 두 배 이상의 손해가 아니던가.

나는 늘 이런 셈법이어서 남에게 뒤져 살아가는 것 같다. 좀은 억울한 듯도 싶다.

그날이 그날

더위가 채 가시지 않은 8월은 어린 나를 무척이나 당황스럽게 했다. 광복의 그날, 분명히 '반자이(萬世)'라고 부르짖어야 할 '길이 번영'의 축하소리는 다른 사람들처럼 나도 '만세'라고 외쳐대며 이유 모를 흥분에 젖어 있었다.

번쩍 두 팔을 허공으로 들어올리며 고함치는 사람들의 난삽한 행렬에 뒤섞여, 분명 어제까지는 금기시되던 조선말을 아무 거리낌 없이 부르짖고 있었다. 만에 하나, 이런 소리를 그 전전날쯤 학교 가까운 곳에서 했더라면 반드시 두 손바닥을 하늘로 꼿꼿이 뒤집어 놓고 불호령과 함께 회초리맛을 보았을 터인데 말이다.

이 날 이후 우리는 회초리를 들었던 무서운 그 선생으로부터 상냥하게도 '감자, 고구마, 책상' 따위의 좀은 낯이 선 국어(일본어를 지칭하던 國語가 그냥 그대로 이제는 조선어를 국어로 뒤집어 빠꾼)를 새롭게 시작하고 있었다.

여태도 국어는 '한국어'로 되살아나지 못하고 '고꾸민(國民)'이란 낱말과 함께 그 주체가 변신하지 않아서 그냥 '국민'으로 마냥 굳어져버렸다. 그야말로 우리 주위의 어느 하나도 제대로 된 것이 없는 이 땅에서, 그런 교육과 그런 삶을, 그런 행정과 그런 정치 아래서 정신없이 답습하면서 60년의 세월을 마냥 보내고 있는 듯싶다.

해방의 몇 며칠 전에는 우리가 살던 남녘 바다의 부산 수정동엔 미군의 B29가 날아와 폭탄을 퍼부었는데, 얼마나 정확했는지 일본군 막사를 박살내었다. 우리집 등 너머의 공원에 파놓은 방공호에 숨어들었다가 얼마 뒤 고개를 드니, 일본군 장교를 비롯해 군속들의 팔다리가 피묻은 채 남의 집 처마 위로 튕겨져 올라 곤두박이쳐 있던 것에 난 놀라지 않을 수 없었다.

어떻게 된 노릇으로 저토록 정확한 정보를 얻은 결과인지 어른들은 고개를 내저었다. 반제국주의에 대한 지하조직원의 애국심을 은연중에 자랑하는가 하면, 피해자 가족은 그 일로 잃은 친족들의 울분을 설워하던 까닭도 볼 수 있었다.

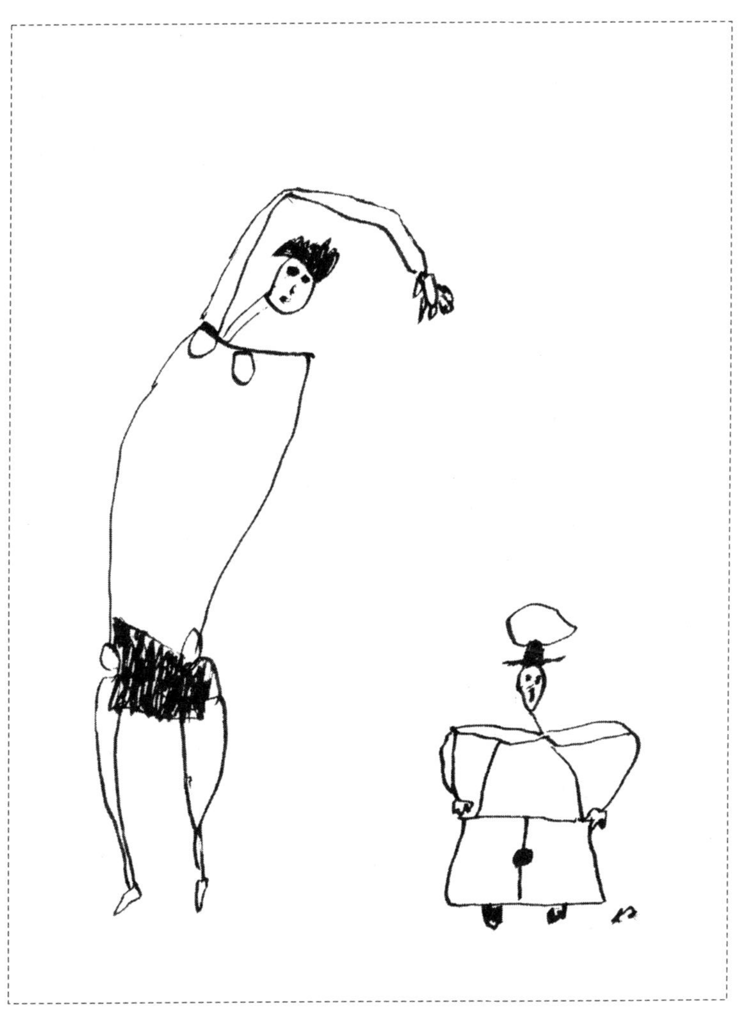

그러니 나로선 스파이란 낱말도 알 턱이 없었고, 간첩, 정탐, 첩보원 따위는 물론 동지와 적, 아군과 점령군의 구분조차 가늠하지 못하던 때의 일이다. 그러나 우린 분명 동족들이 외쳐대던 '광복'의 어렴풋한 기쁨에 거의 무의식으로 열광하며 쏘다닌 8·15가 있었던 셈이다.

혼란의 얼마 뒤엔 학교로 복귀하였고 예사롭게 조선말로 해내던 기억이 지금도 선연하다. 그리고 당시나 이제나 선량하기만 한 선생님(그렇기에 사범학교에 들어가 교사의 신분을 유지할 수 있었던)은 아무런 내색 없이(그냥 우리와 함께 조선말을 쉽게도 바꾸어 하던) 애국심까지 섞어 '가갸 거겨…'를 알뜰하게 가르쳐, 나는 지금 시인으로 일흔의 고개를 바라보게 되었다.

그 60년이 흐른 짧지 않은 세월 동안, 일본군의 막사를 정탐해 알린 애국자가 보상 받았다는 얘기를 들은 적은 없다. 그리고 그 소학교 교사가 강점기에 해대던 일본어 강제교육의 잘못을 뉘우쳤다는 얘기도 또한 들어본 바가 없다.

다만 그 뒤의 내 담임 선생은 보도연맹인가 다른 무엇인가로 죽음을 당했고, 얼마 뒤엔 다시 내 이웃이 다시 좌익이어서 내치는 바가 되었다. 그리고 한국전쟁의 와중에 우익이어서 동네 사람과 더불어 떼죽음을 당한 내 친척도 나는 여럿 기억하고 있다.

그 좋은 예의 하나가 우리가 아는 한 여류시인의 일생이 아닐까. 일제하의 두려움 때문에 중국 상해까지 가 끌려온 조선학도병을 위문한 일로, 해방이 되자 반죽음의 신세로 전락한 일이 있다. 다시 남북의 전쟁 때는 남산 방송의 알량한 '괜찮다 염려마라'는 녹음 소리를 곧이곧대로 믿은 탓에 한강교를 넘지 못해 끝내 부역자가 되어 수복 후에는 또 그 죗값 때문에 사형선고까지 받는다.

다행히도 동료들과 경무대(청와대의 당시 이름)의 비서실장인 한 시인이 죽음을 면케 해준(그 일도 정당화되는지) 덕에 목숨은 건졌는데, 그 높은 분께선 어찌해서 또 민초(民草)들의 어렵사리를 잘 깨달아 좋은 글을 썼는지 참여의 깃발도 드높게 얼마 전엔 추앙을 받는 높은 몸이시다.

최근에 논의되는 '과거사 진상 규명'에 관한 이들이 정치권에서 난도질당할까 더럭 겁이 난다. 그 이유는, 모든 사범학교 출신들, 금융관계 인사들, 관리와 군 관계자들, 법조와 그런저런 사람들의 민족적 정통성과 민중적 정체성에, 그동안 적당한 덕으로 얼마나 편안히 공부하고 잘 살았는지, 그 모두의 할아버지와 아버지와 그 자식들과 친인척들, 부디 도둑이 매를 든 처사는 되지 않기를 간절히 빌고 또 빌며, 참으로 민족의 양심과 도덕성이 무엇인지 호소하고 싶을 따름이다.

그 한강길

새벽 다섯 시만 되면 어김없이 한강둑을 찾는다. 그러나 둑은 남북을 가리지 않고 길로 다 내주었기 때문에, 그 안쪽의 부수적인 길을 찾아 산책한다고 하는 것이 옳은 표현인 듯싶다.

올림픽로가 된 한강의 남쪽 둑 안켠으로 주택지를 따라 걸을 수 있는 산책로가 조성되어 있는가 하면, 그 둑을 넘어 강쪽으로 다시 자전거로가 형성되어 있다. 그 아래로 강물에 바짝 붙어 또 협로가 조성되어 있는데 대다수의 사람들은 이 곁길을 아주 선호한다.

특별한 이유를 붙일 수는 없으나 오늘의 현대적인 삶이 가능하다면 숲속길이 되어주었으면 하는 까닭에, 더불어 바짝 물가로 붙어서 가보았으면 하는 것이 자연친화라는 다수의 견해로 맞는 것 같다.

굳이 개인적인 이유를 가려 얘기하라면 내 시 작품의 하나를 들먹일 수밖에 없다.

내 집 앞을 지나
황해로 빠지는 이 강
요즘의 물 맑기사
내가 사랑이라 이름 붙인
그 여편의 눈물 같기도 한데

한때는 잘 보내
내 곁을 곱게 흘렀지만
섧기만 한 내 여편의 마음처럼
달음박질에 쳇바퀴를 달았는지
깊이 품어 안기는 맘은 어려운 듯

「한강」이란 제목으로 발표한 시의 첫 연과 둘째 연으로, 죽은 아내의 시신을 처리할 방편을 궁리하다가 아이들에게 내가 한 말이다.

"이왕 우리와 헤어지기로 했다면 산천을 해치는 무덤보다는 화장해서 여태까지 살던 서울의 한강물에 그 재를 뿌리면 좋을 듯싶다. 굵은 뼈는 가라앉아 집 가까운 곳에, 좀 얄팍한 것은 흘러 내려 자신이 태어났던 남해바다에, 그 나머지는 흘러흘러 우리 모두가 태어난 태평양의 가장 깊은 골에…."

꼭 그런 뜻에서 아침마다 한강을 찾는 것은 아니다. 이미 나이 들어 배불뚝이가 되어가는 신체도 그러하고, 걷는 운동이 제일 좋다는 건강상의 이유도 덧붙일 수 있다.

또 다른 사유를 더 보탠다면, 강가로 모여드는 여러 생명들과의 교감이 아주 자연스럽게 이루어지기 때문에, 새로운 사실의 발견이 아니라도 제법 소득이 있어 습관화된 탓이라 믿는다. 이런 뜻은 내 「새벽 갈매기」란 글에도 드러나 있다.

"우리가 걷고 있는 천변길은 아직은 아무도 밟지 않았는지 눈이 깔려 우리 두 사람의 발자국을 찍었다. 멀찍이 우리들의 그림자를 발견한 듯 청둥오리의 무리가 황급히 강심을 향해 물러선다.

철새들 가운데서 대다수는 제 짝을 잃지 않겠다는 뜻이 비친다. 하늘에는 새벽공기를 가르는 갈매기들이 부지런하다."

그리고 「짐작」이라는 데서는 겨울나기가 끝나고 봄의 중턱에 이르러도 그대로 한강에 머무는 청둥오리의 부상, 그리고 걱정하는 친구의 얘기를, 또 막 쏟아낸 저들 오리의 알을 거두어 나누

신발 갈아 신기
그 배신감의 극치는?

어 먹던 일을 자랑삼아 쓴 글인데, 아무래도 자연적이란 인식과는 거리가 멀다는 사실에 나는 지금 뉘우침을 안고 있다.

이 한강을 두고 우리들 생명력의 근원이라 일컬어 아주 쉽게 젖줄 운운하는 터에, 또 식수원의 근원이라는 엄연한 사실에도 불구하고 죽음의 폐기장으로 쉽게 생각하는 것은 아무래도 당착(撞着)에 다름아닌 것 같다.

이 맞닥뜨림은 우리들 인간의 속가량이 곤혹스럽기 그지없는 결론에 이른다는 것을 가르쳐 준다. 그래서 나는 '짐작'의 결론으로 "겉가량과 속가량은 같은 '짐작으로 발생되었지만' 원래 반대로 해석되어 마땅한 일이 아닌가. 이 모순의 틈바구니에서 나는 묘하게도 한 결론을 표출해 낸다."

그것은 강변의 산책로에서 얻은 청둥오리의 알로부터 비롯된다. 날갯죽지를 부상당한 수컷을 그 짝인 암컷이 돌보면서 봄이 다하고 여름이 올 때까지 북녘으로 돌아가지 못하는 애틋한 그 사정 때문이다.

그 암컷은 하루에도 하나씩 잘도 알을 낳았다. 이른 새벽을 걷는 나와 나의 친구 B의 손에는 어김없게 금방 낳은 오리알이 들려지는데, 무슨 수를 써서라도 부화시켜 새끼들을 어미에게 돌려

주자고 마음먹었다.

그러나 여름이 다 갈 무렵의 어느 날, 그 암컷은 사라지고 어린 청둥오리 암컷이 그 자리를 대신한 것을 보고 우리는 신발 갈아 신기냐, 아니면 어떤 배신감의 극치냐 하고 사람의 문제로 바꾸어 놓는 데에 이른다.

"사랑은 그 결실의 값 이외엔 논하지 않아야 한다. 그런데 큰 몫의 부가가치는 더불어 함께 한다는 사실을, 그로 하여 사랑의 구성요소와 그 작용의 차이는 심리적 생물적 측면도 고려해 봄직하다."

이 말은, 부상한 수컷의 애처로움과 암컷의 가엾은 뒷바라지를 지켜보다가, 그만 사라진 어떤 배신감에 우리들 인간의 가슴 안에서 혹은 머릿속에서 어떻게 평가되어야 하는지 그 본연의 견해에 대하여 얻어낸 결론이 그러하다는 것뿐이다.

한강은 오늘도 옛이나 다름없이 흐른다. 시멘트의 벽을 따라 흘러가든, 지난 여름의 엄청난 폭우로 몇 달째 흙탕이 되어 오늘까지 흐르고 있든, 서울의 심장으로 세계에서 보기 어려운 활력근으로 한강은 변함없이 꿈틀거리고 있음에 틀림이 없으렷다.

젊은 김봉태가 참 부럽다

일흔이 다 된 화가 김봉태(金鳳台)는 이제 그가 만든 '창문의 틀'을 통해 젊디젊은 몸으로 외출을 했다가 청바지의 긴 가랑이를 쳐들어 그 창을 타 넘고 제 집으로 돌아왔다.

일흔이란 나이의 수치는, 사람이 이승에 와서 살아낸 길이로 중국의 시인 두보(杜甫)가 「곡강시(曲江詩)」에서 '인생칠십고래희(人生七十古來稀)라' 한데서 비롯된다. 오늘을 사는 남자들의 평균 수명으로 따져 크게 어긋나는 수치는 아니다.

또한 그런 연륜이 되도록 나는 여태 욕심 혹은 허세와도 같은 것을 떨쳐내지 못하고 초연(超然)과도 거리가 먼 데 있으니 한심스럽고 안타깝기조차 하다.

욕심과 샘 따위는 젊고 근사하게 보여야 한다는 남성적 본능이

긴 하나, 그래도 이 나이엔 얼토당토않은 남성미, 힘셈의 속성을 좇는 일이라 싶다. 하기사 그 반대의 무기력이나 자기(自棄)도 마찬가지라 여겨져 위로가 되긴 하지만.

아무튼 모든 걸 단념할 이 나이까지 나는 그 친구를 부질없이 우러른다. 까닭은 어린 날로부터 함께 있어서 꿈을 더불어 키웠던 터이고, 미래에 대한 것도 비슷한 소망이었다면 그럴 듯도 싶다.

선망의 표적이었던 그가 가까운 자리에 있었고, 한동안 사라졌다가 요근래 다시 내 앞에 섰을 때, 그의 작업, 그의 나이, 그의 성과로 그는 나를 많이도 부추겼던 것 같다.

이 자극은 일제 강점기의 유치원을, 그리고 소학교(지금의 초등학교)를, 격동기의 전쟁 공간에선 중학교를 함께 다녔던 터라, 비록 전공이 달라 다른 방면의 학교였으나 같은 서울에, 그런 이후엔 바다를 건너 유학의 길에 올라 상당한 기간 만날 수가 없었기에 더한 듯싶다.

바람결에 넘어온 그의 소문은 성실한 작업의 연속이었고, 정통의 판화로부터 아크릴화와 다양한 오브제에 의한 실험도 곁들여 쇠붙이와 나무와 돌조각에 이르도록 그의 구성은 무척이나 오래 다져진 듯하다.

80년대 중반에 들어서 그의 고국 방문이 시작되고, 그 당시의 역학(易學)적 괘(卦)와 변화 및 생성의 원리가, 또 분화에 대한 집요한 작업이 비시원적(非始源的)이란 명제로 전환되는 시점에 이르기도 했다.

이들 미학적 작업은 60년대의 절대추상이라는 몫으로 값을 매기기에 이르렀으나, 그의 오랜 노력과 탐색은 끝내 형식미의 단순이나 그것으로 하여 획득되는 또 다른 세련미, 더 나아가 혼합적이고 복합적인 색채로부터 차츰 원색으로 분화되면서 오늘날 단순의 틀, 즉 '창문'시리즈가 보여 주는 골격미에 이르게 된다.

이런 그의 도전과 노력은 오늘의 그의 결과인 그 열정과 젊음에서 비롯된다고 나는 생각한다.

내가 할 수 없었던 일들로 그는 이 나이가 되도록 주저없이 청바지가 그냥 그대로이다. 이 진바지는 모든 형식과 단계를 떨쳐버린 몸과 마음의 자유로움이요 형식의 탈피이다. 자유로움과 탈피는 그가 보여준 도전이고 그런 대가이다.

청바지 위에 원색 셔츠가 덧입혀져 강한 의지를 돋보이게 한다. 이런 복식은 아무나 하는 게 아니다. 이 자유분방한 의지는 그의 그런 실험의식과 궤를 같이하기 때문이다.

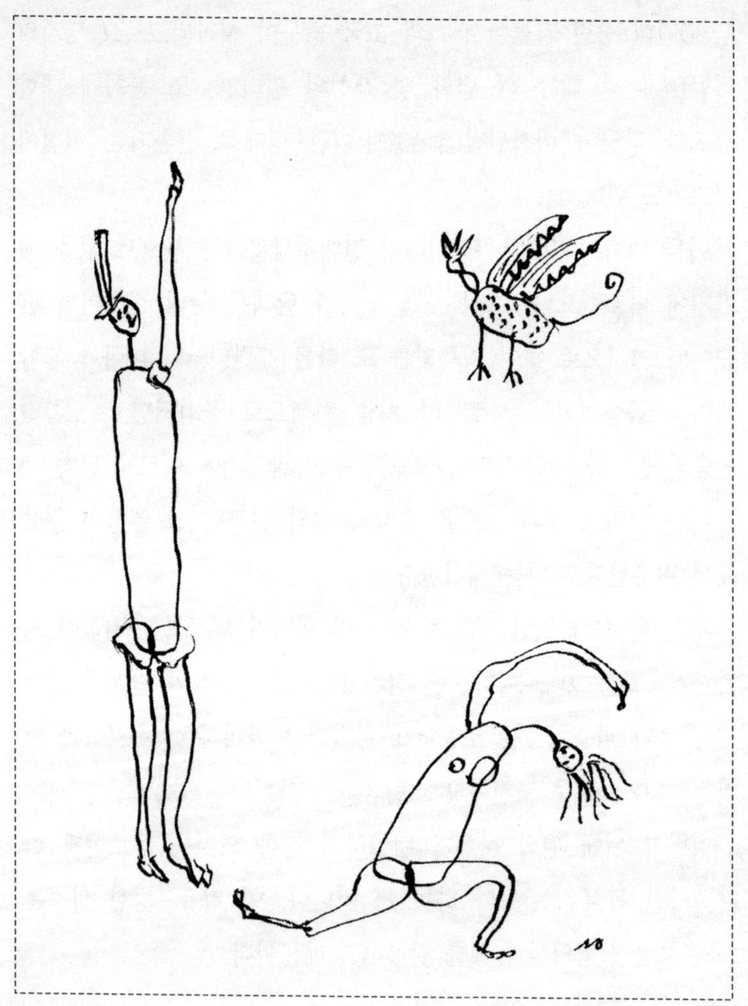

그의 초기의 '그림자'들이 그러하듯이, 또 '비시원'의 그것들이 그러하듯이, 그리하여 오늘의 '창문 연작들'도 드디어 그러하듯이, 한 양식을 만들면 그 틀 안에서 오랜 사유를 거듭하게 되고 그 틀을 다시 타고 넘어 자유를 획득하게도 되고, 다시 그는 새로운 사고의 무덤을 만들어 털고 나왔던 것이다.

오늘 그는 네모반듯한 창틀을 맞추고 칠을 해가면서 내질(內質)이 되어 형식 밖의 다른 면을 보이게 할 양으로 적당한 '거리'를 만들어 나간다. 틀과 내질은 안과 밖이다. 그 경계를 또렷이 함으로써 허물어뜨릴 수 있는 방도를 다시 강구하고 그 방법을 창출해냄으로써 존재의 가치 규정을 그는 설정하게 된다.

보이지 않는 면, 또는 보이지 않는 틀로부터의 자유가 조화를 꾀하는 그의 이번 작업은, 그래서 우리들로 하여금 더한 안일과 흥분을 갖게 한다. 때로는 위험스럽고 긴장감이 고조된 것이라 해도 그 효과에 이어서 고정된 것으로 우리에게 다가든다. 다시 얘기하면 정지된 틀을 통해 가득하게 차 들어오되 내질의 그 '무엇'이 우리로 하여금 충만케 한다는 뜻이다.

일정한 틀을 작성하거나 설정하면 달리 질량이나 빛깔로 채우지 않아도 우리는 내질의 그득함을 만나게 된다. 다시 그 내질을 자신의 형식으로부터 탈출시키는, 즉 안과 밖의 경계를 허물어뜨리는 작업은 연상작용으로 보게 된다는 것이다.

창과 틀은 한 몸이다. 어느 것이 우선한 것인지를 작가는 말하려 들지 않는다. 한 켠에 힘을 주면 그 반대켠이 대응적 작용을 하는 세상의 사물들이 갖는 이치와 같이, 자연스럽게 취득하는 빛깔과 틀의 '놀이법'을 그는 이번에 창출해 낸 것이다.

이 보이지 않는 그의 창조 앞에서 우리는 그의 조화로운 힘을 터득해 낸다. 그 힘의 영향 아래 위험스럽고 다급하고 긴장 넘치는 저 현대성과 효과 극대의 역학과 공간을 우리가 갖게 되는 셈이다. 나는 이 부럽기 짝이 없는 그의 노심초사를 그의 작업을 통해 늘 만끽한다.

그러나 그 즐거움과 더불어 나는 그의 능력과 창조를 무척이나 샘한다. 그 부러움은 내가 하는 문학적 작업의 미숙성에서도 기인 하지만, 그보다는 그가 그 누구도 의식하지 않고 자신을 표방하는 청바지나 원색의 셔츠, 더욱이나 무척 아름답고 젊은 사랑과 그런 그의 아내, 그리고 그의 모든 노력에 나도 덩달아 욕심이 생긴다는 이 볼썽사나움에 화가 절로 치밀어 오른다.

그렇기에 더욱 나는 그를 존중한다. 그의 그림들을 좋아하고 그래서 나는 더욱 그를 사랑한다. 그런 그가 내 곁에 있기에 나는 참 행복하다. 그가 고향땅으로 돌아와 자유분방하게 살고 그런 작품들을 하기에 나는 참 다행이라 생각한다.

제2부

바람의 여로

나는 바람이다

일흔의 나이를 넘긴 자식을 두고 아흔도 한참을 접은 내 어머니가 아직도 '바람'이라 부른다.

"너 아비, 또 바람이가."

바람이란 춤바람, 놀음판의 짓거리 따위를 이르는 말인데, 예고되지 않은 내 행방에다 그런 이름표를 단다. 지지난 주말만 해도 그렇다. 그날도 내 코쭝배기가 보이지 않자 딸아이인 손녀에게 전화로 이같이 말한 모양이다.

'바람'은 꼬리를 감추고 그 행적마저 지워버리려는 것을 일컫는 말이기도 하다. 춤바람이 그러하고, 여색을 탐하는 일 또한 그런 이름이다. 복부인의 대명사요, 증권가의 잡이들도 빼놓을 수 없다. 놀음판의 앞잡이나 훼방꾼을 가리키고, 제자리를 잡지 못하고 바자니는 하릴없는 이들도 다 그렇게 부른다.

요 몇며칠 내 모습이 보이지 않자 손녀에게 물은 내 별호의 그 바람은 나의 떠돌이 생리를 가리킨다. 무슨 일이건 심드렁해지면 사라지고 없는 내 길잡이를 바람이란 이름으로 붙인 것이다.

특별히 연락을 하지 않고 잠시 자취를 감추면 안쓰러워인지 또는 답답해서인지, 당신은 그런 말로 남들이 다 듣게끔 핀잔을 주신다. 이 나이에 낱낱이 보고를 하고 다닐 수도 없는 노릇이 아닌가. 무슨 수로 미주알고주알 다 꿸 수 있단 말인가.

더러는 난감할 때도 있다. 적당히 살아보자는 구실 때문에 내색 없이 사라져버릴 때도 있기 때문이다.

그때도 그러했다. 우연히 간판만 보고 들어선 영화관인데 꽤나 짭짤한 장면들이 연출되어 며칠을 사이에 두고 서너 번 같은 영화를 거푸 본 적이 있다.

등장하는 두 남자의 순수 무구한 사랑과 편력, 그것도 일방적인 짝사랑을 그린 스페인 영화이다. 「그녀에게」란 제목으로 도입부의 무용수들이 간단없이 펼치는 춤자락도 그러하지만 끝날 즈음의 여가수가 드러누워 불러대는 노래 또한 내겐 퍽 인상적이었다.

그 연출자인 페드로 알모도바르 감독이 애정을 갖고 펴보이는 브라질 음악들, 특히 카에타노 벨로스가 달빛 깃든 야외에서 절창하는 '쿠쿠루 쿠쿠 팔로마'는 영상적 슬픔을 잘도 드러내주어 대사의 한 토막처럼 내 간장을 녹였다.

"세상은 슬픈 노래 같아, 마치 조빔의 노래처럼."

두 남자가 사랑하는 두 연인들이 한결같이 식물인간으로 누워 있는데, 그들은 단 한 번도 '사랑한다'는 말을 건네지 못한 실정이다.

앞서의 서막에서 보인 '뜨거운 리스본'이라는 춤은 세기적 발레리나인 독일의 피나 바우쉬가 안무했는데, 예순을 훌쩍 넘긴 그 여자는 마흔을 갓 넘긴 이 영화의 연출자를 사랑하는, 그러니까 무척이든 자유스러운 그들의 정신과 감정에 내 자신이 많이 매료되었던 탓일까. 몇 차례 해외 나들이까지 하면서 내가 그녀를 따라다니던 기억이 새삼스럽다.

그것은 그 영화 속의 주인공들처럼 사랑이란 끝없는 봉사이고 희생인지라, 나 또한 이 여주인을 한국 땅에서의 처음 추는 춤을 보기 위해 갑자기 입장권을 구하느라 무척이나 고생스럽게 장안을 다 뒤졌다.

그녀가 한국에 도착한 그날부터, 그리고 공연, 그 일정이 다 끝나서 한두 대학의 무용과, 체육과를 방문하는 일정에도 먼빛으

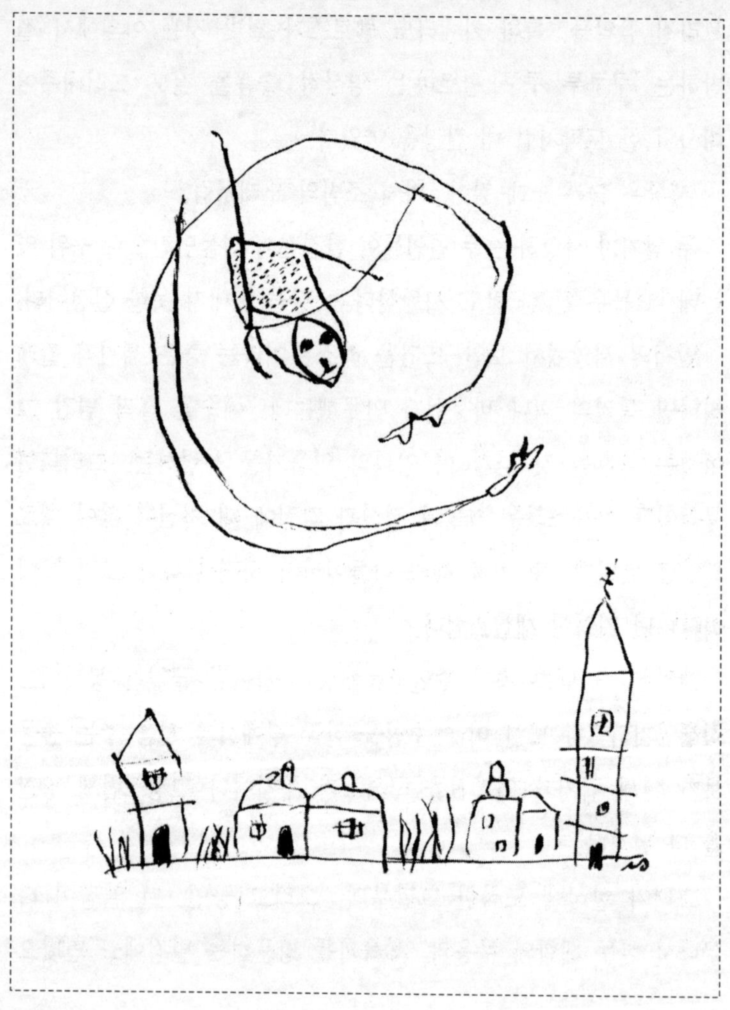

로나마 보기 위해 동행자처럼 추적하기에 주저하지를 않았다.

그 이후 연말인가, 2년에 한 번 꼴로 개최되는 일본 동경에서 '월드 발레'라는 세계 일류의 춤꾼들 잔치가 벌어지는데, 마치 저들의 초빙이라도 받은 양 일찌감치 입장권을 마련하여 같은 프로를 두 번씩 잇달아 관람하는 열광까지 보이지 않았는가.

한 편의 영화가 보여주는 애틋함에 이처럼 덩달아 나도 눈물을 튀긴 일들과는 달리, 그 후로 그녀가 연출해 보이는 숱한 춤판을 좇아 열에 뜬 듯한 몽롱함과 그야말로 포만의 감정으로 따라다녔다.

주책없는 나들이로 하여 다시 나는 바람이 되어 대한해협을 넘나들게 된다. 내 어머님은 그럴 적마다 "혼자 다니면 안 된다, 누구라도 꼭 붙어 다녀야 한다"고 신신당부하신다.

이 나이에 혹 객지에 나가 몹쓸 병이라도, 또는 무슨 봉변이라도 당하면 어쩌나 하는 기우에서 하는 말씀이시다. 함께 가는 그 누군가가 혹 내 나이 또래의 친구라면 오히려 어머니는 더 걱정이실 테다. 왜냐하면 그 사람 역시 무슨 사고라도 일으키면 자신의 아들인 내가 고생일 것이므로 되도록 나이 젊은 축이길 무작정 바라신다.

나이가 젊더라도 억센 남자보다는 여성이었으면 하는 바람은 아니신지, 나는 늘 궁금해 여긴다. 자상하기로는 아무래도 남자보다 여자일 터이니. 위급할 때 청심환이라도 한 알 씹어 목구멍으로 넘겨줄 만한 자상함을 지닌 여자를 내 어머니로선 바랄 것이고, 못난 내 성깔에도 합당하다고 여기고 있는 참이다.

가끔 그렇게라도 동반할 여성이 있으면 데리고 와서 좀 보여주어라 하는 말까지 비칠 때가 있다. 마치 어머니로서의 당연한 도리이기나 한 양 말이다. 자기 자식만을 생각하는 여느 노인네나 다름없는 그 어머니에 그 아들이랄까.

피나 바우쉬가 처음 다녀간 2년 뒤, 내가 사는 서울의 LG극장에서 이곳을 주제로 한 춤공연을 연출한 적이 있다.

이 역시 서너 달 전에 표를 매입해 놓았다가 매혹의 그녀를 상면하는 기꺼움을 나는 진심으로 즐겼다. 생머리에 검정 간편복을 입고 연기자와 함께 늘 무대로 나서는 그의 모습을 나는 오히려 눈을 꼭 감고 감상했던 것 같다.

요즘도 나는 그때나 매한가지다. 어쩌면 내가 사는 이유가 바로 그런 흥분이고 그런 분위기에 감싸이기를 좋아하기 때문은 아닌가 한다.

틈틈이 영화관을 누비는 지금의 버릇이며, 이미 주위에선 사라진

지 오래인 연극이나 춤사위를 위하여 내가 바다 너머에까지 드나드는 일, 어쩌면 생명력의 강한 자극을 받는 것이라 굳게 믿는다.

이틀이고 사흘쯤 연휴가 계속된다면, 아니 달력의 표지가 바알갛게 연달아 보이기만 하면 몇 주 전부터 내 가슴에선 콩 튀는 소리가 울린다.

쉽게 말해서 어디든 가서 쉬기 위해서라지만, 자주 나서는 나의 이 나들이병의 바다 넘나들기는 바람으로서의 연유들로 가득 짜여지니 다른 할 말은 없다. 넉넉함이 있어서가 아니고 얼마의 구두쇠와 모르쇠 노릇으로, 혹은 짜디짠 버릇으로, 그렇게 생긴 경제로 유일의 향락을 제 꾀에 맞춘다고 나는 늘 자랑한다.

지금도 가끔은 널찍한 내 집 너머의 길가로 비치는 창살 사이에서 그녀 바우쉬가 안무하는 꾼들의 춤사위로 내 호흡을 가로막는 일이 종종 있다.

물론 꿈 속이다. 그러나 가위 눌리다시피 놀라 깨어 고개를 저으면 그게 현실은 아닌지 확인하는 내 모습이 얼마나 황당한지 정말 모를 판이다. 언제라도 그가 연출하는 춤판이 어디선가 있다는 정보만 들어오면, 나는 빚을 얻어서라도 바람이 되어 지구의 끝까지 달려갈 참이다.

지팡이

걱정스러움 태반에다 비아냥도 좀 얹은 내 어머니의 걱정을, 딸년이 다시 무위스럽게 되받아 건넨다.

"걱정스럽네요. 그러다가 혹 무슨 변괴라도 당하면…."

그래도 혀를 차지 않아 나은 편이지만, 혼자 살아가는 늙은이가 혈압이나 심장병으로 저승 가는 변사체가 되어 쓰러져 누워 있다면…. 그런 걱정스런 목청이 마치 유도판의 판정처럼 내리꽂힌 말이다.

모든 일에 대충이고 적당이어서 늘 주위사람의 걱정만 끼치는 줄을 나도 짐작은 한다. 또 그런 일 따위가 나를 옭아매려는 데는 나도 정말 질색이다. 그러나 그런 버르장이가 나 스스로에 있음은 결코 부정하지 않는다.

같은 사무실을 30년 가까이 나누어 쓰는 김영태 시인에게 나도 때로는 올가미를 씌우는 밉살스럼을 던진다.

"죽어 몇 며칠, 사람 썩는 내음 지독히 난다는데…."

바로 엊그제처럼 2, 3일씩이나 예고 없이 코빼기를 비치지 않으면 내가 그 김공(公)에게 하는 빈정거림이다. 김시인도 나처럼 동거인이 없는 홀아비 신세이다.

말끝에다 꼬리를 달지 않아서 그렇지, 그런 엄청난 일을 당했을 경우 내가 떠안게 될 걱정이 태산 같을 거라는 뜻인가. 너무 모진 말이어서 뱉고 난 직후엔 늘 반성을 한다.

딸애의 앞선 말 끝에 "아버진 지팡이 같은 거 없어?"였다. "어디에 쓰려고?" 하고 그 용도부터 나는 물었다. "빌려 달라는 게 아니고 아버지가 꼭 들고 다녔으면 해서요."

내 친구 김시인이 항상 지팡이를 들고 다닌다는 얘기를 어디서 들었나 싶어서였는데 그게 아닌 모양이다. 얘기인즉 외지에 오래 나가 사시다가 고향으로 돌아온 딸애의 시아버지가 아침 산책을 나섰다가 넘어져 하반신이 골절되어 입원하셨다나. 그래서 제 친정아비가 걱정이 되어 당부차 한 전화란다.

몇 년째인가, 김시인이 들고 다니는 그 지팡이는 가끔 동행을 하거나 외지로 여행을 떠났을 때는 우산과 같이 잘 챙겨야 했는데 종종 잊어먹기 일쑤였다. 식사를 하러 가거나 잠시 앉아 쉬다가 일어설 때면 꼼꼼하기 더없는 그 역시 별수없는 건망증이 발동한다.

일흔이 넘은 늙은이에 틀림은 없으나 화가 L씨와 마주친 때도 "늙은이 흉내도 떼거리 지으면…" 하고 나는 이 두 사람의 지팡이를 향해 빈정거린다. 아주 가벼운 목재로 밑동에다 은조각 손잡이를 붙여 골동품도 서러워할 듯싶은 물건들이다. 나에겐 과분한지 그렇게 좋은 지팡이는 가 닿지 않을뿐더러 제법 무거운 데다가 내 체격엔 좀 엉뚱하다 싶어서 나는 딸에게 애써 당부했다.

"네가 하나 장만해줄래?"

느닷없이 쏟아놓은 부탁이었으나 괜히 해본 소리라고 그만 우스개로 돌렸다. 딸애는 어디 보아둔 것이라도 있느냐고 다그쳤다. 그러나 끝까지 감추기가 뭣해서 엄청난 값으로 몰아 생념 내지 못하게 막았다.

내 마음으로사 꿀맛이지만, 그걸 구해서 끌고 다니다가 기억도 잘 안 나는 일을 저지를 것 같았기 때문이다. 또 앞장 세워 비행기에 오르게 되면 번잡스럽게 요모조모 검사받을 일이며, 깜박하고 허둥대다가 전전긍긍 하며 귀국하는 꼬락서니라니, 생각만 해도 끔찍한 일이 아닌가.

지팡이를 든 바람이 세상에 어디 있을까, 지팡이를 들고 떠나는 여행이 오죽이나 하랴 싶어 지팡이는 아직은 유보상태다.

바람의 날개

오늘 아침, 나는 눈이 떨어지기가 무섭게 조간신문을 들고 안으로 들어왔다. 펼치는 순간, 하늘이 아주 깊고 또 네모반듯한 색채의 바다에 한동안 넋을 빠트리고 거의 벗은 그대로 마냥 앉아 있었다.

그 푸른 하늘엔 글라이더와 비슷한 경비행기 한 대와 그 뒤를 잇대어 여섯 마리의 두루미가 어깻죽지를 펼쳐 나란히 편대를 이루고 있는 것이 아닌가.

사진의 제목은 「사육 두루미, 야생 서식지까지 64일간의 비행」이었다. 사진 아래로 설명문은 "초(超) 경비행기 조종사인 리처드 반 휴벨튼이 12월 12일 여섯 마리의 두루미를 이끌고 플로리다주의 크리스탈 강(江) 상공을 향해 날아가고 있다. 우리 안에서만

사육되었기에 장거리 이동법을 모르는 두루미들에게 겨울나기를 위한 법을 가르치려 시작한 이 비행은, 지난 10월 10일 위스콘신주에서 출발 64일간 1,930킬로미터를 쉬엄쉬엄 계속해 이 날 플로리다주의 야생동물 서식지에 비행기가 무사히 안착하면서 끝났다"고 적혀 있다.

나는 이 기사를 읽으면서, 인류가 맨처음 하늘을 날려 했을 때의 저 새들처럼 팔뚝을 위아래로 흔들기만 하는 날개(오니솝터)를 장치했다는 얘기를 기억해냈다. 말하자면 사람의 근육으로 움직이는 비행기를 생각해냈던 것이다. 물론 그런 식으로 인간이 하늘을 날아오를 수는 없었다. 게다가 사람의 몸은 너무 무겁고 새처럼 유선형으로 생겨 먹지도 않았으니 불가능할 수밖에 없었을 터이다.

중세에는 이런 노력의 일단으로 스스로 만들어 붙인 날개에 목숨을 내건 채 높은 탑에 올라 무작정 뛰어내리는 일들이 많았다고 한다. 물론 저들은 그런 몸무게를 지탱하려면 얼마나 공기 부양력이 있어야 하는지도 몰랐을 것이다. 그리고 사람이 날려면 엄청난 양의 근육이 필요한데, 예컨대 몸의 무게가 70킬로그램쯤 되면 그 가슴뼈는 1.8미터쯤 튀어나와야 한다는 사실 말이다. 이런 걱정은 17세기에 와서야 깨닫게 된 일이다.

그 사이 수백 년 이상을 많은 사람들이 하늘을 날아보겠다고 탑에서나 산꼭대기에서 목숨도 아깝지 않은 듯 뛰어내렸다니, 정말 한심한 노릇이 아니던가.

밤하늘이 깊으면
물도 절로 깊어진다
깊다 못하면
숫접게 푸른빛을 띤다

물 위로 하늘 위로 빛나는
별들과 날갯짓하는 새떼들
꼭뒤를 따라 어딘가로 향하는
물새들의 놀이

이녘에서 저녘으로
바람을 안고 바람을 지고
그 바람 주고받으며
튕긴 화살 줍기를 하는

더러는 수평으로
더러는 수직으로

여행을 감행하는
격렬한 바람 속의 저 세상.

-「바람의 여로」

졸작 「바람의 여로」이다. 우리의 하늘은 오늘 드넓은 교통로가 되어 있다. 바로 그 하늘길이 옛날부터 새들의 길이었다는 사실도 새삼스런 일만은 아닌 것 같다.

영국의 조류학자인 해럴드 펜로즈는 8월의 어느 해질 무렵에 글라이더를 타고 약 6백미터 상공을 활공하다가 제법 따뜻이 솟구쳐 오르는 공기 덩어리 쪽으로 방향을 돌렸더니 칼새 한 마리가 가로지르는 것을 봤다고 한다. 그 새는 원을 그리며 되돌아오더니 날개를 있는 대로 쫙 펴서 그 공기 덩어리를 타고 상승하기 시작하는 모습을 목격했다는 글을 남긴 적도 있다. 그는 이 새가 밤새도록 활공을 하며 공중 높은 곳에서 그냥 잠을 잔다고 믿는다 한다.

이와는 달리 철새들의 이동을 보면 ∧자의 대형 혹은 영문의 V자 대형으로 날아간다. 그들 일행은 향도새의 바로 뒤가 아니라 약간 위로 벗어난 위치에서 난다. 고니와 기러기들이 공중을 여행할 때면 그들의 몸 뒤쪽에 공기가 교란하는 작은 공간이 생기는데 이를 후류(後流)라 한다.

어떤 새가 다른 새의 뒤쪽에서 난다면 이 난류 속으로 휩쓸려 뒤집히거나 내동댕이쳐져 제대로 나아갈 수가 없다는 것이다. 특히 새의 날개 끝에서는 공기가 흩어져 날갯짓의 방향으로부터 수직으로 작용하는 힘, 그러니까 나는 새를 위로 떠오르게 함으로써 양력을 줄어 수 있단다.

이런 기술적 비행은 편대를 만들어 날아갈 때의 죽지 끝에서 유실되는 상당량의 힘을 다른 새들이 효율적으로 이용함으로써 에너지를 절약하고 있다는 놀라운 사실이다.

여기서 나는 지난 주말 내 어머니가 어떤 새든지 날개만 돋으면 한결같이 날아오를 수 있다는 얘기를 들려주며 나의 어설픈 세상살이를 탓하였던 것을 돌아보게 되었다.

나의 속내는, 사람은 자라면서 걸음마를, 그리고 뜀박질을, 그리고 혼자서 잘도 세상을 헤쳐가지만, 새는 꼭 그렇지만은 않다는 것을 주장하고 싶었다. 실은 그래서 나는 지금까지 안달이 나 있다.

한강으로 날아오는 겨울의 오리떼를 보면 사뿐히 내려앉는 법에 익숙지 못한 놈도 더러 있다. 비록 하늘 오름은 훌륭히 해냈지만 사방으로 물을 튕기면서 내려앉을 때 엉뚱한 거리에 나뒹굴기도 한다는 사실, 그것은 바람을 받아 안거나 등으로 지는 원칙을 깨우치지 못한 것 때문이다.

일흔이 다 되어서도 사람으로 제 삶에 서툰 나와 같은 부류를 일컬어, 내 어머니가 말하듯 '바람의 여행'에 속한다 하지 않겠는가.

겨울 갈매기

새벽 3시 20분이다. 눈이 떨어지기가 바쁘게 머리맡에 놓인 앉은뱅이 시계를 끌어다 코 앞으로 붙인다. 거의 반사적인 행동이고 늘 아침이면 하는 버릇의 하나이다.

오늘은 20여 분 정도 빠른 시각이다. 자명종이 운 것도 아닌데 관행이 되어버린 이 시간대의 확인 작업은 이미 오래 전부터 갖게 된 버릇이다. 4시 근방에다 맞춘 잠깨움 바늘이 있긴 하나, 4시 좀 못미처 몸을 일으키고 이 시계바늘을 점검한 다음 자리를 털고 일어서는 습성이다.

다른 날보다 조금 다른 깨어남은 아마도 어젯저녁에 들었던 눈소식의 일기예보 때문이 아닌가 싶다. 전국이 고루 겨울 가뭄에 들어 시달리고 있는데 특히 호남과 영동지방에 눈소식이 있다는 것이고 서울에도 첫눈이 될 성싶은 예보가 있었다.

나는 얼른 일어나 바깥뜰에 세워둔 자동차를 지하실로 끌어다 놓았다. 그것은 겨울눈에 차가 얼어붙어 새벽 출근이 어려울 것 같았기 때문이다.

겨울 아침은 여느 때와는 같지 않다. 거의 7시 혹은 조금 더 지나야 갓밝이가 시작되고 사물이 희미하게나마 떠오르니까 이때는 깜깜 밤중인 셈이다.

나는 닫혀져 있던 커튼을 두 손으로 펼쳐 마치 남의 집 창 안을 훔치듯 바깥을 살폈다. 잘은 보이지 않으나 뒷마당이 희붐한 것으로 보아 예보가 맞는 듯싶다.

돌아와 의자에 앉자 왠지 오늘은 홍차라도 끓여 듬뿍 우유라도 타서 마시고 싶다는 생각을 했다. 딱히 목이 마른 것도 아닌데 말이다. 새벽이면 늘 나가서 커피를 나누고 운동도 함께들 하는데, 오늘은 첫눈이 쏟아지는 바람에 홍차가 생각났던 터이다.

이런 생각에 미치자, 챙이 넓은 투명의 비닐우산을 찾아 들고 도산공원이라도 한 바퀴 돈 다음 그 골목께의 '모우(暮雨)'라는 카페라도 찾고 싶다는 충동에 빠진다.

이 우산은 얼마 전에 여행길에서 발견한 것으로, 첫눈이 오는 날 받쳐들면 환히 하늘이 잘 보이리란 기분에 들떠 깊이 숨겨두었던 것이다. 그런 생각에 미치자 나는 급히 몸을 일으켜 수도꼭지에서 한 주먹의 찬물을 받았다. 잠에서 완벽하게 깨어나지 못한 눈을 씻자는 것이다. 실은 그래야만 정신이 제대로 들기 때문이다.

이런 상태의 묘한 기분에 빠져 하루를 보냈다. 새벽 모임에서도 일행 중의 나이 많은 분이 첫눈을 위한 해장을 제의했고 우린 복국집을 찾아갔다.

해장국으로는 선짓국도 있고 콩나물국도 있다. 그러나 시원한 복국에 몇 방울의 식초를 떨어뜨린 것은 더없이 속을 풀어준다. 성수대교 못미처의 한 식당엔 이미 젊은이들 몇이 술국으로 새벽 몸을 데우고들 있었다.

우리 일행은 가끔 가려놓을 뼈다귀통부터 찾아 놓고 주문을 한다. 남은 음식과 뼈를 한 곳에 모아 사냥개와 강변으로 산책을 나서는 한 젊은 동행의 손에 들려주기 위해서이다. 포인터종의 포니란 놈은 당나귀같이 우리 키의 높이로 껑충껑충 튀어오르고 그 품성도 사람을 여간 따르는 게 아니다.

특별히 먹이 습성을 지닌 이 개는 못 먹는 것이 없다. 수박이나 참외의 껍질은 물론이고 심지어 배추꽁지까지 깡그리 먹어치우기 때문에 그 집 부엌에서는 청소할 거리가 전혀 없다고 한다. 이 개를 앞세우고 나는 그 젊은 주인과 나란히 겨울 추위가 심한 강변으로 나섰다.

며칠의 강추위에 살얼음이 낀 강물 곁으로는 보행하기 알맞은 곁길이 나있고, 좀 높은 언덕으로는 자전거 전용로, 더 떨어져 올림픽대로가 나란히 달리고 있다.

우리가 걷고 있는 이 천변길은 아직은 누구도 밟지 않았는지 하얗게 눈이 깔려 있어 두 사람의 발자국만 찍혀나갔다. 그 사이를 오르내리면서 짐승의 발자취가 갈지(之)자로 뛰닫는데, 멀찌감치 우리들의 그림자를 발견이라도 한 듯 청둥오리 무리가 황급히 강심을 향해 헤엄쳐가고 있었다.

철새들 가운데서 청둥오리는 대개 암수 한 쌍씩 짝을 이루어 노니는데, 이 날도 제 짝을 잃지 않겠다고 서두는 품이 완연하게 비쳐보였다. 두어 무리의 청둥오리떼를 지날 무렵 우리는 벌써 성수교를 지나 동호교에 근접해 있었다. 새벽공기를 가르는 갈매기들도 부지런히 하늘에 빗금을 긋고 있어서 바다가 가까워 옴을 예고했다.

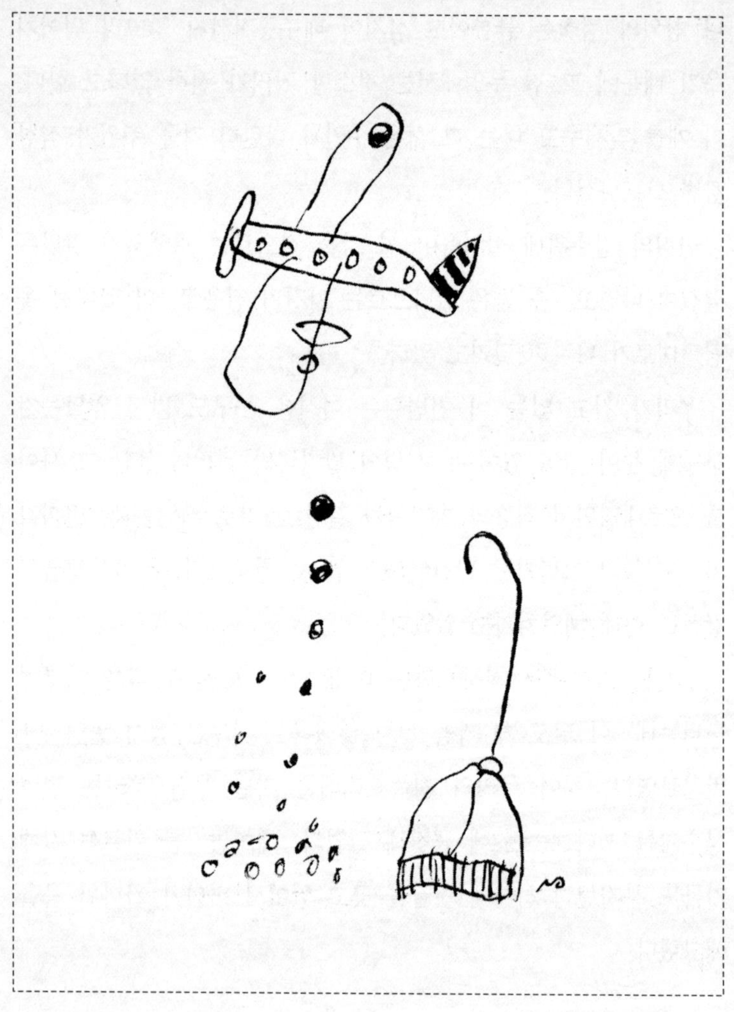

한명회와 압구정(押鷗亭)의 운치가 내 머리 속을 스쳐 지났다. 그런 역사의 순간이 오후엔 한강의 끝자리에 맞물려 있는 한탄강으로 이어졌고, 다시 그곳 황희 정승의 반구정(伴鷗停)이 돌이켜져 나는 이 날 먼 곳까지 아스라한 북녘땅과 황해 갈매기를 찾아 나섰다.

휴일의 하루해는 그렇듯 짧았다. 길은 나아갈 때보다 돌아들 때가 더 긴 법이라더니, 귀가의 길목은 훨씬 더 멀었다.

간밤의 눈발 때문에 늙으신 어머님이 "눈이 와서 질(길)이 미끄러우니 오늘은 여기(분당) 올 일은 버려라"고 걱정하시던, 그래서 이 글마저 얻게 된 내 편의와, 반대로 자동차를 지하로 감추려던 마음에 또 싸락눈이라도 맞아보려는 당착의 행동이 겹쳐져, 나는 다시 늦은 때의 홍차라도 거듭해야 되겠다고 마음먹었다.

이녁과 더불어

어제는 늦도록 진눈깨비가 쏟아졌다. 우수(雨水)도 지나 경칩이 내일 모레라는데, 진부령에서 무릎을 덮는 봄눈이 시름없이 쌓여 이웃끼리의 길마저 막고 있다는 소식이다.

하기사 음력으로 따져 아직도 정월을 넘기지 못하고 있는데 재넘이바람이 여간 스산하지 않은 것 같다.

또 영동 쪽의 눈발이사 이때쯤이어야 제 위력을 드러낸다는데, 따로 탓할 이유도 없다. 허나 왠지 눈이 귀했던 올해인지라 무척이나 나를 설레게 하고 신바람마저 나게 했던 것도 사실이다.

이런 날 저녁이면 으레 행사처럼 나들이를 한다. 내가 사는 강남의 한 동네에서 행길 하나를 건너면 제법 큰 골목이 나서고 그 안쪽으로 도산공원이 자리해 있다.

그 공원 앞문에서 오른켠으로 꺾어들면 잡목으로 이루어진 울타리가 이어지다가 끝이 난다. 그 지점에 꽤나 밋밋한 큰 콘크리트 건물이 하나 나서는데 그 안에 '어스름에 내리는 비'라는 뜻의 '모우(暮雨)'란 찻집이 있다.

요즘 비교적 자주 드나드는 곳으로 특히 해질녘에 비가 내리면 하릴없이 읽을거리를 안고 나는 이곳을 찾는다.

그 찻집 앞에서 여남은 개의 층계를 ㄱ자로 꺾어 오르다가 굵은 담쟁이덩굴을 타래로 얽어 뱀의 똬리 같게 벽면에 붙여 놓은 위, 그 아래쪽에 옹기에 물을 담아 개구리밥을 띄운 것과 만난다.

어른 키의 두어 곱절은 될 검정 천조각이 휘장처럼 덧씌워져 문짝을 가리고 있어, 마치 비밀의 벽장을 뚫고 들어서는 기분을 자아내게 한다. 그 문짝 역시 엄청 무겁게 매달려 있고 손잡이의 고리도 아주 듬직한지라 드나드는 사람들의 기를 죽이는 듯싶다.

아무튼 웬만한 집의 2층은 훌륭히 될 만한 문틀을 나꿔채야 출입이 가능하기 때문에 누구든 꼼짝없이 그 노역을 감당해야 한다. 그래야만 또 이 집에서 기찬 차라도 얻어 마실 수 있게 된다.

대문께의 그 검정 휘장은 전혀 광채를 뿜지 않는 것으로 따문따문 금박실로 누빈 모습이다. 그 은근함이 마치 마술이라도 배

우리 들어가는 곳같이 묘한 분위기를 자아낸다. 아니면 왕실의 어느 방 한 칸을 따로 떼어낸 것처럼 아무나 쉽게 드나드는 곳이 아니란 표지로 휘장을 쳐놓은 듯하다.

앞서의 돌층계를 밟지 않으려면 오른쪽 문 안의 승강기를 이용하면 쉽게 2층으로 가 닿을 수 있다. 작은 조가비만한 타일을 조밀하게 붙인 엘리베이터 안은 마치 도배지로 싸 바른 듯한 특이한 분위기인데, 천장과 바닥까지 같은 빛깔의 것으로 치장을 했다.

더욱이 귀퉁이마다 꽃잎을 깔았고, 천장에도 마른 꽃잎의 타래를 걸어 놓아 꽃잎 띄운 물로 목욕을 한 듯한 기분을 연출하고 있다. 이들 꽃잎과 그 부스러기들은 찻집의 장식용으로 1차로 쓰인 다음, 차탁으로 키를 낮추어 꽂이용으로 다시 쓰임을 당한다. 그런 다음 더 바래고 시들해지면 낭하와 복도의 가장자리에 널브러져 있다가 마지막으로 엘리베이터 안으로 이렇게 밀려난다. 그 얼마나 경제적인 꽃 쓰임새이랴.

우리 같은 손님으로서야 잠시나마 꽃상자에 실렸다가 꽃길로 든 다음 차탁에서 다시 만나게 될 뿐이지만, 하나의 꽃을 네 번이나 이용하는 그곳 셈은 어떠한가. 이런 곳을 드나드는 사람은 대부분 젊은이들이다. 우리와 같은 나이 먹은 사람은 요즘의 세

꽃과 함께, 차와 함께,
옛날과 함께, 낯설음과 함께
—이녁과 더불어

태가 기피하는 풍조라 일부러 챙이 넓은 모자를 눌러 쓰고 이곳에 드나든다. 분명하게 그 분위기를 중시하는 곳을 이용하자면 젊은이들을 위하여 그만한 예의쯤은 지켜야 하기 때문이다.

두 잔 분량의 홍차 주전자와 찻잔 하나가 내 앞에 놓인다. 이름하여 로얄 코펜하겐의 본차이나 잔이다. 청자의 무늬를 엷게 곁들인 것도 있지만 백자와 같은 것도 더러 있다. 물론 꿀종지도 따라 나오고 은수저도 자리를 함께한다.

듬뿍 우유를 섞은 밀크티를 두 잔이나 거푸 들이키기 숨이 차면, 들고 간 책을 펼쳐 들고 구석자리로 가 앉는다.

유리 칸막이로 막아둔 고즈넉한 뒷자리는 거울도 여러 개 놓여 있고, 인형이며 찻잔이며 촛대며 이상야릇한 열매들까지 깔려 있어 사뭇 이국적인 분위기를 자아낸다. 음악만 잘 맞추어주면 꽤나 오랜 시간 책을 읽을 수 있다.

이 방의 천장은 연못의 밑둥이다. 3층은 족히 됨직한 높이에 두터운 유리판을 깔아 윗방에선 수족관으로 즐길 수 있지만, 아래칸의 내가 앉은 자리에선 수초의 뿌리며 몇 종의 수생식물이 거기 드리워져 있어 물고기들이 유영하는 모습을 올려다 볼 수 있다. 마치 내가 어느 잠수함의 밑의 유리곽 속에 든 것 같은 착각에 빠져들게 하는지 모른다.

머리엔 아랍풍의 터번을, 허리엔 그런 의상에 걸맞는 띠를 두르고 심부름을 하는 종업원을 대하노라면, 아득한 옛 사라센의 문화 속에 내가 깊이 발을 들여놓고 있는 양 한동안 헤쳐 나오지 못할 때도 있다.

꽃과 함께, 차와 함께, 옛날과 함께, 낯설음과 함께, 한참을 앉아 있고 싶은 날은 이곳 '모우'에 꼭 온다. 혼자일 때도 있지만 요즈막엔 이녁과 함께 자주 들른다. 나보다 이녁이 더 즐기는 것 같아 나는 더없이 흡족해 한다.

봉선화 꽃물

이녁은 나를 가리켜 천방지축(天方地軸)이라 한다. 말하자면, 내 어리석음은 향방도 없을 뿐더러 전혀 구제의 대책마저 마련하기 어렵다는 뜻이다. 하기사 구원받을 수 없는 자신의 주책바가지를 나로서는 변명할 여지도 없다.

분명 나는 내 나름의 뒤틈바리에 그 삶의 얼레도 거지반 끝나 있어서 막판의 망고에 다름 아닐 거란 생각이다. 또 철이 들어 쉰이나 예순 해를 더 넘도록 살아왔어도 봄이 너무 짧다고 늘 아쉬워하는 까닭은, 꽃잎을 얻기 위해 쏘다니는 푸석이의 어쭙잖음 때문이리라.

더더욱 그 꽃잎을 책갈피에 가름하고 지난 가을 주운 단풍잎을 혹 흩을까봐 긍긍하는 노릇이란 남 보기에도 민망타 할 만하다.

주위의 몇몇 분들은 그래서 '자연 친화'에 '생태 운운' 하는 품이 '그게 무슨 짓이냐'고 내게 던지지만 나는 쇠 귀에 경 읽기다.

한 번 잘못 길들인 버릇 여든까지라던가. 그런 버릇으로 머리 감는 샴푸가 어쩌다 코코넛 냄새나는 것이어서 내 기분은 언제까지나 그 향내로 평생을 간다는 당치도 않는 고집으로 늘 나를 의기양양케 하고 있다.

그 꽃잎을 거두어 카드나 편지지에 옮기기로 내 품값을 셈하는 특별한 결산이 있어 나는 또 도도하다. 전혀 딱하다는 생각이 들지 않으므로 내가 꺾은 꽃, 말린 꽃잎과 풀잎, 단풍 든 나뭇잎의 마름질로 하여 내가 누구에게 폐 끼쳤다며 자연에 죄 지었다는 생각은 있을 수가 없기 때문이다.

나는 지난 단오의 밤에 초승달빛으로도 함께 있던 사람의 손톱이 봉선화 꽃빛으로 붉어져 있다는 사실을 눈치챘다. 그 일은 곧 박목월 시인의 「달」이란 작품을 떠오르게 했다.

'도화(桃花)꽃 피던 고향'의 옛일을 읊는 이 시 때문에 속손톱의 초승달이 분홍 꽃빛에 묻혀 있었기에, 나는 '꽃'과 '물감'이라는 자연친화적 측면을 부정적이기보다는 긍정적으로 해석해야 하지 않겠느냐는 생각까지 하게 되었다.

오늘 우리들이 살아가며 사용하게 된 많은 언어 가운데는 단단한 장벽을 쌓아 그 가름을 달리하는 일도 많아진 것 같다.

봉선화는 집안의 울타리나 장독대 근방에 심는 식물이다. 그렇게 가까이 두게 된 연유는 악귀나 역귀(疫鬼)를 막기 위한 벽사(辟邪)로 이용되었기 때문이다. 기록으로는 고려의 충선왕이 몽고의 수도에서 봉선화 꽃물을 들인 아씨를 만났다는 기록이 남았으니 그 역사가 오래인 듯하다. 봉선화 꽃잎에 명반을 섞고 괭이밥풀의 잎, 소금, 아주까리 잎 등으로 동여매는 행위를 뉘들 탓할 수 있으랴.

물질주의의 잣대로 가름되는 생태의 주장이 모두 흡족할 수는 없다. 문화와 역사를 아우르는 아름다움의 생동감이 넘치는 행위는 높이 값을 주어 마땅하다. 그렇다면 내 '꺾인 꽃'이나 그 사람의 '봉선화 꽃물' 손톱도 좀은 자연친화의 담장 안으로 거두어 둘 필요가 있을 것 같다.

감방살이

거처로 정한 그 작은 방에 나는 아주 잘 익숙해져 있다. 그곳에서 10년도 넘게 산 때문인지, 또는 내 삶의 도구들이 그 자리에 있고 유일하게 쉼을 주는 공간이기도 하여서인지, 다른 사람들처럼 나도 그 방을 '나의 집'이라 부른다.

여남은 평 남짓한, 그러나 실제로 그 반이나 될 듯싶은 오피스텔 단칸방으로, 천장과 바닥의 네 벽이 완벽하게 귀를 맞춘 상자곽이다. 출입이 가능한 철제의 문에다 건너편 두 벽에 창틀이 하나씩 붙긴 했으나 형식만 여닫게 되어 있다. 그러나 못질을 한데다가 커튼이 누르고 있어 벽이나 진배없다.

나는 이 집을 스스로 '감방'이라 일컫는다. 거의 완전하게 나를 감추어 주기 때문이다. 이곳에서만은 되도록 몸을 줄여 나를 바깥에선 엿볼 수 없게 은폐할 수 있기 때문이다. 그것은 또 엄격하게 자신을 영위하려는 노력과도 반비례하는 것 같다.

그 누구의 간섭도 받지 않는 자유와 철저한 고립으로 하여 더없이 스스로를 확실하게 할 수 있는 장소, 그렇기에 나의 방인 나의 집은 나의 천국이 된다.

이 천국은 나에 의하여 새벽어둠을 열게도 하고 늦은 시각에 나에 의하여 굳게 닫혀진다. 그래서 나는 나의 집에서 완벽하게 그리고 안전하게 영위되고 있다고 생각한다. 그것은 또 그렇도록 자신을 드러낼 수 있다고 믿게 하고, 지극히 사사로운 일이나 부끄러운 것마저 얼마든지 막무가낼 수 있다는 믿음까지 안겨준다.

그 누구의 간섭도 받지 않는 이 일은 나를 무척 행복하게 한다. 또 철저하게 자신을 내동댕이치고 방임할 수 있기 때문인지 더 없는 자유, 더한 천방지축이 되어 아무런 동작도 없이 나를 늘 덤벙되게 하며 이상한 만족감을 갖게 한다.

어쩌면 자신을 한정 없는 데까지 끌어갈 수 있는, 어색함조차 구분하지 못하는 자만심에 무척이나 겨워하게 하는지도 모른다.

아무튼 시간이 흐를수록 이렇게 자신을 가두는 기간은 늘어난다. 물론 나의 유일한 휴식공간이니 그도 당연한 일이라 여겨진다. 뿐 아니라 예전에는 볼 수 없던 끼니도 이젠 혼자 이곳에서 때우는 일이 빈번하니 매우 자연스런 일이 된다.

혼자 사는 사람이 문을 닫아걸고 홀로 식사를 하는 일이 무슨 대수냐 싶지만, 어찌 생각하면 여타의 동물이 갖는 그 기본적인 행위에 다름 아닌 것도 같다.

종종 나는 먹거리를 사들고 들어와 후딱 옷을 벗어 던지고는 젓가락질을 해댄다. 그렇지 않으면 미리 준비된 재료를 꺼내어 조리를 하고 아무 스스럼없이 배를 한껏 채운다.

그런 횟수가 근자에 부쩍 늘어났다. 혼자 식당엘 찾아들어 주문을 하고 먹기가 쑥스러워서이다. 또 남의 눈치 보기가 점점 민망스러워져 그런 듯도 싶다. 여기 남의 눈이란 식당의 종사자나 손님들 보기에 어색하고 부끄럽기조차 하다는 뜻이리라.

식당엘 혼자 출입하는 사람의 경우, 의심쩍다는 야릇한 시선에다 무언가 의아스럽다는 궁금증 많은 표정을 나로선 도저히 감당해내기가 어려웠다. 그런데 내 집에 들어서면 더 없는 안도감으로 얼마든 자유롭게 취식을 할 수 있으니 얼마나 다행스런 일인가.

혼자 식당을 찾는 식객에 대하여는 '대체 무얼 하는 사람이기에…' 혹은 '왠지 초췌함을 벗어던지지 못한 딱함이 거기 깃들어 있어 꼴불견'이란 인상을 비치기 때문이 아닌가. 실은 그런 부자연스럼을 오래도 견디어 내어 요즘은 참으로 힘든 노릇이었다.

왜 이토록 창피하다고 여기는가. 그리고 그런 사람은 왜 초라하고 처량해 보인다고 생각하는지 난 도저히 알 수가 없다.

남자든 여자든, 그보다는 나이 먹은 사람이 그런 모습을 드러내 보인다는 것은 무척이나 자존심 상하는 일이다. 특히 먹고 살아가야 할 이 필수의 행위에 그런 이유를 붙인다는 것은 유쾌한 일만은 아닌 성싶다.

식당 앞으로 다가가 식단을 기웃거리는 일, 식당 안의 분위기를 창틈으로 살피는 일, 주문을 하면서도 눈치를 보아야 하는 일, 종사자의 낌새와 태도에 별나게 관심을 두어야 하는 일, 그 다음 기다림의 시간에 어떤 표정으로 자세를 관리해야 하는지, 고단하기 이를 데 없는 일들이 반복되기 마련이다.

이 모두가 고통스런 일이다. 황당과 불안스러움, 그것을 감내하는 데는 많은 인내가 필요하다. 그런데 외지로 여행을 나갔을 때는 전혀 그럴 필요가 없다. 그 이유들을 나는 애써 찾아보았다.

일본이나 미국, 그 어느 나라에서도 혼자인 손님을 필요 이상으로 긴장하게 하는 일은 없다. 말하자면 혼자이기에 낯설게 하거나 불편하게 하지는 않는다는 사실이다.

아침이었거나 저녁이었거나 대부분의 손님들은 혼자였고 편안히 여기는 모양이었다. 신문을 뒤적이거나 창밖을 살피는 이들을 다른 사람이 뚫어지게 보는 경우도 드물다. 거의 무관심으로 그들의 손을 그대로 두고 있다. 고객의 편안함과 자유로움이 내게도 그대로 적용된다.

그런데 우리의 경우는 '혼자냐'고 거듭 물어대는 질문이나 눈빛이 왜 그러냐고 따지는 듯하다. 그렇지 않으면 네 사람이 앉아야 할 자리인데 혼자 차지해 미안하지도 않느냐는 투이다.

그렇기 때문에 나는 나무람이 없는 편안을 위해 나의 '깜방(감방)'이기도 한 내 집에서 혼자 하는 식사를 즐긴다. 우리들의 삶이 짧지 않은 여로(旅路)의 한 도전이라면 창피나 부자연스러움을 스스로 끌어들일 필요는 없을 터이다.

비록 골방에 갇혔다손 치더라고 여행 중의 잠깐 동안 나만의 공간에 틀어박혀 한 끼니의 식사와 더불어 경이롭고 탄력 있는 여정을 즐길 수 있다면 그 또한 감동적인 경험이 아니겠느냐.

어색하고 고통스런 끼니때나 나 혼자를 위해 최면으로라도 보람에 가까이 승격하는 이 '혼자만의 식사', 비록 옹고집이 되어도 나는 그 자유를 깡그리 만끽하고 싶다.

감 맛

창밖으로 건너다보이는 겨울 갓밝이는 아무래도 늦게서야 그 색깔이 선명해지는 듯하다. 매일 아침 같은 시각이면 잎을 거진 버린 길 건너의 감나무, 그 성글은 가지 사이에 몇 알 남지 않은 감이 지붕 너머로 햇살을 받아 내 눈 속으로 붉게 들어온다. 그것은 내가 출근해서의 한참만이기 때문에, 내게는 이 겨울날의 시간이 다른 여느 때보다도 무척 더디다는 기분을 갖게 한다.

아직은 어둘녘인 새벽에 혜화동 사무실로 건너와 난로에 불을 지피고 더운 물도 끓이고, 어제 늘어놓고 나갔던 이런저런 것들까지 대충 치운 다음이기는 하다.

남들이 아침상을 볼 때처럼 나도 접시 하나와 작은 찻숟갈 하나를 골라 책상머리에 앉힌다. 그러고는 조간신문을 끌어다 펼친다. 때를 맞추어 어디서 왔는지 까치소리가 들린다. 서북향으로 난 창문과 마주하는 내 의자에 얼핏 검은 날갯짓의 그림자가 춤을 추듯 스쳐 지난다. 까치임에 틀림없다.

고개를 들면 영락없이 까치소리가 몇 마디 들리고, 그리고 어스레한 나뭇가지에 그보다는 더 선명한 검은 빛의 물체가, 마치 방아깨비가 꼬리로 찧어대는 방앗질의 모습을 보게 된다. 얼른 나는 벗어두었던 안경을 찾아 그 광경을 잡기에 급급하다.

이런 순서를 밟고 나서야 나는 유난히 감빛의 밝음과 더불어 그 현실인식도 다짐하게 된다. 이어서 나는 내 앞의 접시에 금방 올려놓은 홍시 두 알을 가깝게 끌어다 꼭지부터 딴다.

저 창 밖의 가지 끝에 매달린 감은, 그러니까 그 사이에 동남향의 해돋이가 내뿜는 햇살을 한껏 받아 더 붉게 더 순수하게 제 빛깔을 갖게 되는지도 모른다는 생각을 나는 오래 전부터 해왔던 셈이다.

내 성장기의 늦가을이나 겨울철엔 먹거리라곤 묵이나 감밖엔 다른 것이 없었다. 그런 쪽의 입맛은 잘 길들여져 있는 터이다. 그래서 늦은 가을이 아니라도 장터나 슈퍼에서 감을 발견하면 여느 과일보다 반색을 하는 습성이 붙게 되었다.

그래서인지 단골로 다니는 한 식당의 후식으로 꽁꽁 얼린 감이

나오지 않으면 앞서 먹은 육회 비빔밥도 금세 그 맛이 달아나고 만다.

더운 여름날 오후 들녘을 휘돌아 와서 땀도 들일 겸 그늘을 받쳐놓은 자리에 앉으면 감주스를 내놓는 건사한(?) 데를 나는 안다. 운동하는 일도 중요하지만 그보다는 싱그런 감주스를 그늘 아래서 마시는 그 재미란, 정말이지 이런 멋에 이끌려 자주 나들이를 하게 된다. 더러 공연한 오해까지 받은 일도 종종 있다.

이런 먹거리가 한 차례씩 유행을 얻어 큰 이익을 쏟아놓는 즉석식품계의 횡재를, 기업가들은 왜 일찍 몰랐을까 싶다. 왜 감을 재료로 하는 쉬운 먹거리를 만들지 못했는지 백 번을 고쳐 생각해도 이해가 되지 않는다.

덜 익은 감을 따다가 균일한 열을 가하든지, 카바이트로 홍시를 만드는 일들, 시중에 흔하게 나뒹구는 저 일률적인 맛이 아니다. 나무에서 직접 따서 앞뒤를 잘 따져 익혀낸 자연스런 감맛, 그 달디담이나 또는 얼리거나 주스화(化) 시켜 놓은 그 단순스럼이 아니고, 그 껍질도 쭈그렁스럼이 제가끔 달리 묘하게 얄밉기조차 한 것 말이다.

십수 년은 더 된 듯싶다. 오늘처럼 인사동의 괜찮은 밥집으로 고풍스럽게 차리지는 못했다. 당시는 들앉은 곳으로 소문 내지 않고 밥집을 하던 데를 한 곳 알고 있었다.

절집에서 묵은 때를 꽤나 오래 닦다보니 그 냄새가 짙게 풍기는 아낙이 긴 치맛자락을 얇은 허리에 두르고 손수 음식을 만들고 상도 친히 들고 들어온다. 손님 앞에 놓는 늙수그레한 주모, 숟갈을 놓는 소리가 들리면 하던 일을 멈추고 손을 얼른 훔친 다음, 장독께로 휑하니 달려가 깊은 데서 홍시를 꺼내 오던 그 식후의 차디찬 감맛이라니, 어떤 과일과도 견줄 수가 없던 기억이 오늘은 새삼스럽기만 하다.

그런 뒤로 나는 꼭 영양식이다, 혹은 식후의 단맛 즐김이다, 해서 망고샤벳에 자몽샤벳, 아니 그보다는 훨씬 우아하고 우리 맛깔에 휘어청 달이라도 휠 정도의 감샤벳을 생각하면 절로 입속 침이 고일 정도가 되고 말았다.

내 고향 상주(尙州)는 3백(白)의 쌀과 목화와 감(하얗게 분이 오른 곶감)이 으뜸이라 한다. 강릉을 지나면서 또 영동을 지나면서, 다시 경남의 진영을 지나면서 나는 감때가 되었건 아니되었건 그 홍시감을 떠올린다.

지금 내 책상머리엔 스무남은 개의 감이 대소쿠리에 담겨져 있다. 그 옆으로 접시에 서너 개의 잘 익은 감이 또 퍼질러 앉은 모습을 하고 있다.

가을이 늦어져 찬바람이 일 때면 이곳 혜화동에서 한 등성일 넘어 성북동에 사는 허영자 시인이 처마 밑으로 바짝 키를 낮춘 감나무 한 그루를 양지 바른 데 꽂아놓아 때가 되면 감을 따오곤 했다.

올해도 그 감을 제법 많이 수확해 왔기에 날마다 익혀 이젠 늙어가는 재미를 이런 데서 맛보며 살아가는구나 하고 있다. 오늘 아침에도 눈 깜짝할 사이에 두 개를 후딱 해치웠다.

얘기인즉 바빠서 얼른 눈을 돌리지 않으면 홍시가 거지반 된 과실이 마당으로 떨어져내려 온 집안에 붉은 칠을 하기가 십상인지라, 금년엔 품까지 얻어 거두어낸 것이라 한다. 그것도 사닥다리가 밀쳐져 한 노인네가 다칠 뻔한 역사였다고 하니 안타깝기도 하지만 우습기도 한 일이 아닐까.

꼭두새벽이 아닌 느지막에 오늘은 그 감맛을 봤다. 그런 참에 또 까치가 울어제친다. 한 순갈 떠서 붉은 단맛을 보고, 서녘 하늘과 함께 감나무를 다시 한 번 올려다보고, 또 떠서 맛을 보고, 푸른 하늘을 다시 보고…. 이만한 팔자면 상당히 괜찮다는 매우 내심스럼 요행을 나는 지금 즐기고 있는지도 모른다.

제3부

타령과 넋두리

봄날의 한때

「백일몽(白日夢)」이란 이름으로 시조 한 편을 썼다. 꽃이란 말이 붙은 단어들을 여럿 모아 3·4의 어조로 이룩되는 시를 지난 봄철에 쓰게 되어 내 시집 속에 묻기로 했다.

꽃바람 꽃길 꽃때
꽃자리 꽃밭 꽃떼

꽃꼭지 꽃술 꽃불
꽃세상 꽃빛 꽃들

꽃다발
꽃말 꽃잔치
꽃맞이 꽃샘 꽃들.

꽃대궁 꽃잎 꽃쌈
꽃다지 꽃봉 꽃불

꽃달임 꽃씨 꽃대
꽃나라 꽃순 꽃놀이

꽃마을
꽃비 꽃가루
꽃무더기 꽃천지.

어른 아이 할 것 없이 인터넷을 이용하는 요즘 귀에다 핸드폰 또는 시디(CD)의 음악을 듣느라고 이어폰을 꽂고 나다니는 세태에, 우리가 쓰던 엽서 한 장의 의미는 별로 클 수는 없겠다.

그리고 가까운 친구에게 또는 애인에게 정성들여 띄울 편지의 그 어리석음은 잘못하다간 웃음거리가 되기 십상이다. 더더구나 정중할수록 연하장 따위는 더 우스꽝이 되기 꼭 맞는 오늘이 아닌가.

내 친구 중의 한 사람은 늘그막에 해 뜨기가 무섭게 컴퓨터 앞에 나앉아 습관처럼 메일함을 열어보는 재미로 산다고 자랑을 해댄다.

거기에다 또 그만큼의 문자를 날린다고 한다. 그럼에도 근자엔 왠지 속도 차지 않아 궁궁한다고 투덜댄다. 허전하기라도 하냐고 내가 되묻자 그만 굳게 입을 다무는 것이다.

그 친구에게 내가 받은 몇 장의 낡은 연하장을 보이면서, 이번에 갖게 되는 내 고희 문집에 실었으면 한다고 했다.

안부나 문상 혹은 위로와 축하의 뜻이 전화로 전달되기는 좀은 그러하듯, 옛사람의 방식대로 사람과 사람의 만남으로 통달되는 방식과는 사뭇 달라서 어쩐지 겉도는 것만 같다는 실토이다.

꼭 꿍꿍이 속이 되어서가 아니라, 시대적 특성으로 어쩔 수 없다는 핑계를 넘어, 얼마든 모자란다는 얘기까지 그 친구는 했다.

어느 문학관에서 전시하던 옛사람들의 필적과 서간들을 구경하면서 나는 그 편지글이 보여주는 인간 정신의 맑은 내면성이 마치 보석처럼 빛나던 것을 감지할 수 있었다.

물질적 풍요와 그런 환경이 지나칠 정도로 앞으로 바짝 나가서 급속한 소통만 강조하는 탓에 어쩌다 향상은 되었을는지는 모르나 뭔가 도모하는 것이 아무래도 미치지 못하는 것만 같다.

이 봄에 나는 열흘 남짓을 꽃때에 미쳐 산지사방을 휘젓고 다녔다. 여느 때와는 달리 이상기온 탓인지 꽃봉들이 한꺼번에 터져, 정말 갈피 잡기가 힘들었다.

일반으로 노란 꽃들에서 시작되는 개화기로부터 붉게 봄은 옮

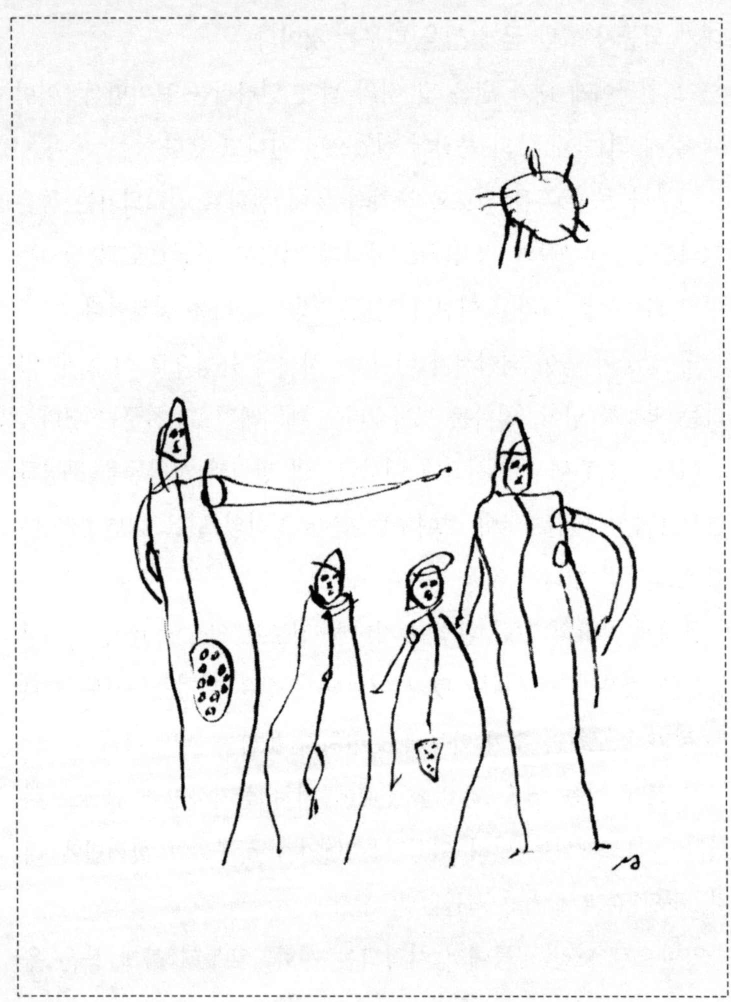

겨 가다가 하얀 빛으로 계절을 넘어서게 되어 있다. 그런데 올해는 산수유와 개나리와 진달래와 벚꽃이 그리고 목련과 조팝나무까지 한꺼번에 아우성들 치는 바람에 나도 덩달아 이곳저곳을 누비게 되었다.

하기사 자두며 앵두며 살구꽃이며 매화가 한자리에 어우러져서 그야말로 찬연한 봄을 연출하기는 했었다.

마치 꿈을 꾸고 있는 것만 같았다. 압구정동의 도로변이 꽃봉들로 더없이 빛나기에 남산의 순환도로가 괜찮겠다 싶어 또 달려갔다. 돌아나오려니 그 산중의 유로도로가 더욱 궁금해 에둘러 헤집고 들었다.

표고가 높아 어림도 없다는 것을 알기는 했으나 욕심이 그렇지 않았다. 세상 구경을 하러 오는 나무들이 무슨 신경을 지녔기에 그럴까 싶어 나는 막 솎아내는 꼴이 되어 갔다.

자동차가 내뿜는 배기가스며 고층빌딩의 넓디넓은 유리창이 반사해내는 복사열에, 그리고 밀집한 인간들의 숨길까지 거기 보탬을 했으리라.

압구정동의 아파트군 이쪽과 저쪽이 예상과 같이 야단이 났다. 차를 적당한 데 버리고 골목길을 누볐다. 그것도 모자라면 내 머리 속은 남한산성의 여러 곳을 이미 돌아나가고 있었다.

이러구러 며칠을 돌다보니, 또 그 시간에 잇대어 두서너 바퀴 거듭 뛰다보니 내 몸뚱이가 그대로 꽃빛이 되어가는 것 같았다.

마치 내게도 얼마의 정열이 남아 그토록 꿈속에 든 것만 같은 착각에 빠진 셈일까. 이렇듯 '한낮의 꿈'으로 꽃바람, 꽃길, 꽃때, 꽃자리, 꽃밭, 꽃떼, 꽃불, 꽃빛, 꽃세상이란 말과 또 꽃다발, 꽃잔치, 꽃맞이, 꽃대궁, 꽃쌈, 꽃봉, 꽃대, 꽃눈, 꽃놀이, 꽃나라, 꽃마을, 꽃천지, 꽃가루, 꽃눈, 꽃씨, 꽃비, 꽃가루, 꽃샘바람까지 다 들먹이게 된다. 그런 때의 꿈의 이름, 그날의 내 몸뚱이의 이름을 그 작품에 되새기지 않을 수 없었던 듯싶다.

하단에서

늘 통행금지에 쫓기던 어려운 시대에 우리는 살았었다. 돌이켜 보면 늘 마지막 전차를 타고 집으로 향하기도 빠듯한 시각이었다.

그때의 통행금지는 하루의 끝인 동시에 시작이라는 분기점이고, 종점은 어쩌면 집에 닿아 삶을 영위하는 출발점이기도 했다. 또 '문패'는 어깨에 올려 놓여진 무거운 삶의 현실 대변이고 그런 자신의 자아(自我)이기도 하다.

여기서의 분절은 전차 종점이고 더 나아갈 수도 없을뿐더러 집을 나설 수도 없는 지점이다. 내적 현실과 심적 갈등을 빚은 분절의 장소에다 시간적 지점까지 겹쳐지는 곳이다.

다음에 인용되는 나의 시 「하단에서」에서도 동일한 구조이다. 시인 박목월의 '갈밭 속을 간다/ 젊은 시인과 함께'는 젊은 시절의 나이고, 당시 종로2가의 화신 옆 장안빌딩에 자리한 을유문화사에서 일을 하고 있을 때이다.

1층의 책방에 들렀던 목월 시인은 구내전화로 그 위층 을유문화사의 편집실에 있던 나를 불렀다. 아래층엘 들렀으니 잠시 내려왔으면 좋겠다는 말씀이시다.

물론 목월 선생이 위층으로 직접 올라올 수도 있는 처지였는데 그날은 그렇게 하지 않고 나를 불러 내렸다. 왜냐하면 그 책포에서 『청록집』이 출판되었을 뿐더러 책임자도 잘 아는 터였다. 그런데 복잡한 인사와 폐를 끼치고 싶지 않았기 때문이리라.

아래로 내려가자 그분은 손을 바지 주머니에 꽂은 채 책방 바깥으로 나를 인도해 거리에 세워놓고는 다짜고짜로 "나하고 지금 어디 좀 안가겠어?"

급한 일이라도 있는 양 다그쳤다. 왠지 나는 그 이유를 물을 수가 없었다.

"그저 좀 멀리 다녀오자"는 말씀이었다. 그 외는 다른 이유를 건네지 않으셨다. 그분 특유의 큰 눈망울을 굴리면 그때 나는 두말없이 하자는 대로 좇는 습관이 이미 되어 있었다.

얼른 사무실로 올라가 적당히 둘러대고 조퇴와 함께 다음날의 결근까지 묶어 휴가를 얻었다. 목월 선생의 뒤를 따라나섰다. 그 당시까지 전차가 다니던 터라 우리는 서울역으로 나가 부산행 차표 두 장(물론 새마을호 같은 것은 없던 때)을 끊어 "고향이 부산이제" 하며 자리를 잡았다.

부산역에 열차가 닿을 무렵 목월은 "이게 끝인가?"와 함께 "끝의 끝인 땅끝은 또 어디쯤 되느냐"고 물으시곤 부산 시내와는 좀 떨어져 있는 낙동강 하구언 쪽의 버스 종점에서 하단(下端)으로 향방을 정해 걸었다.

손에 든 것은 아무것도 없었다. 작은 어선들과 거룻배가 묶여 있는 둑방과 뻘밭, 그리고 모래언덕과 억새서리들이 무리져 흩날리는 강의 하류로 갔다.

여름이 문을 막 닫으려는 무렵이어서 땡볕의 따가운 햇발이 우리가 헤치고 나아가는 억새들을 사정없이 흔들어대고 있었다.

"우리 멱 감을까?"

이런 제안에 늙어가는 시인 목월과 비교적 젊은 나는 그 자리에서 훌렁 옷을 벗어 던지고 낙동강 물속에다 몸을 던졌다. 전혀 준비가 없던 우리는 속옷의 아랫것을 벗을 경우만 제외하고는 꽤 빠른 손놀림으로 옷가지를 땅바닥에 내동댕이쳤다.

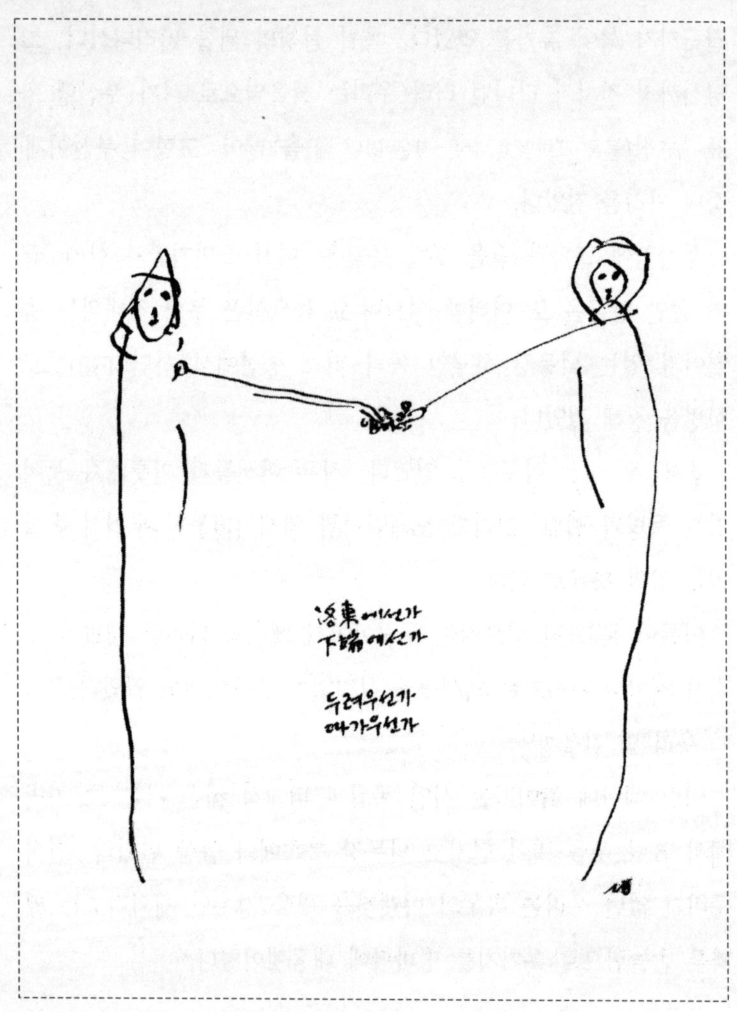
洛東에선가
下端에선가
두려우선가
따가우선가

마지막 옷이 몸에서 떨어지기 무섭게 손바닥을 모아 조심스럽게 사타구니를 가리고 조금은 계면쩍다 생각했는지 물속으로 조심스레 그러나 빠르게 헤쳐 들었다. 물의 깊이가 배꼽을 넘어서자 두 남자는 마치 큰 자유를 쟁취한 양 하늘 높이 손을 쳐들어 흔들다가 손바닥으로 물을 퍼담아 상대를 향해 흩뿌리기 시작했다.

나이 먹은 노인이 어쩌면 아이들처럼 저럴 수 있는가라고 생각될 정도의 천진성을 목월은 그때 보여주셨다. 그때까지만 해도 낙동강은 전혀 오염이 안된 터여서 금빛 모래알들이 물밑으로 미끄러져 바다로 향하는, 환히 속이 다 보이는 시절이었다.

한참을 그러다가 갈밭으로 나온 우리 두 사람은 몸 닦을 수건 하나 없이 그냥 옷을 입고 금빛 모래알이 살갗에 붙어 햇빛에 반짝이는 몸을 마치 영원히 간직하려는 듯 그 자리를 떴다.

물에 젖은 옷 그대로 우리는 건너편 수박밭으로 옮겨 군것질을 했다.

"처녀야" 하고 수박밭을 지키는 그 댁 딸을 부르는 내 목소리에, 목월 선생은 거듭거듭 그렇게 소리쳐 보라며 두 귀를 세우는 것이었다.

이 말도 그대로 그분의 어떤 작품엔가 인용되어 반복적 효과를 보여주었는데, 듬성듬성 갈밭의 이켠과 저켠으로 옮아다니며 서로를 부르는 소리를 우리 두 사람은 강바람에 흩었다. 갈대가 서로 몸을 부비는 그 소리까지 "니 뭐라카노 니 뭐라카노"를 거듭하던 기억이 지금도 생생하다.

30대의 후반부터 새치가 아닌 백발의 머리를 늘어뜨려 끈으로 묶고 다니던 나는 이때 국토의 남단 토말인 부산 하단의 여행으로 느닷없이 기행을 한 셈이다.

오래지 않아 이 작품도 한 지면에 발표되었고, 나는 거기 부응해 「동행(同行)」이라는 작품으로 화답을 띄웠다. 아래의 인용시가 바로 그 작품이다.

낙동(洛東)에선가
하단(下端)에선가
갈대밭 속에서
동행은 알몸이 되어
강 속으로 빠져들었다.

두려우선가
따가우선가
돌아오는 길엔

정자(亭子)로 하늘을 받치고
처녀애의 과원(果園)에 앉아
은밀한 과실에 얼굴을 묻었을 때
하이얀 알몸을 부르는
갈밭의 소리

그날 이후
거리에서 본 동행은
별로 단정한 차림도 아니었고

오늘은 철저한 알몸으로
찻잔 속에 함께 들어
짙은 하늘빛 바다의
순수한 화신(化身)으로
가라앉고 있었다.

황금찬 선생님께

그끄저께 평창을 다녀오셨다는 선생님의 건강한 목소리를 듣고, 이제는 옛날 나에게 주셨던 몇 가지 의문에 대한 답을 오늘 선생님께 꼭 드려야겠다고 마음을 먹게 되었습니다.

"나보다 몇 년인가 후에 성춘복 시인이 정릉으로 아주 이사를 왔다. 내 집 위치에서 정릉 쪽으로 얼마 들어간 곳인데 정릉내(지금은 복개되었음) 옆으로 길이 나있고 그 길옆에 시멘트 블록으로 지은 집이었다. 그 길로 트럭이나 버스라도 달리게 되면 집 전체가 울려서 마치 지진이라도 나는 것 같은 흔들림이 가라앉지 않았다. 하지만 그 집을 얼마나 주고 샀는지 난 알 수가 없었다."

거기 시인들이 밤낮을 가리지 않고 모여 술타령과 더러 끼니를 잇기도 했다며 선생님도 정릉(1956년으로 기억됨)으로 이사를 와서 자주 들렀단 말씀을 어느 글에선가 했습니다. 흙벽돌의 11평짜리에 선생님은 세를 얻어 살고 계셨는데, 아마도 내 집이 조금 더 크게 보여 얼마쯤 부러워했던 것 같아 50년이 넘은 지금에서야 답변을 드리는 바입니다.

포장도 안 된 정릉의 행길 모퉁이에다 방범대원들이 허가 없이 지은 막사였습니다. 35만 원인가 주고 사서 몰래 방 하나를 더 늘이고 다시 벽을 쌓아 부엌도 붙였으니 오늘날의 값으로 따져야 350만 원쯤 되는 것 같습니다. 그래도 아마 선생님의 두 칸짜리 방보다는 식솔도 적어서 제법 넉넉하고 좋아보였을 듯싶습니다.

선생님, 옹색하기로는 반세기가 지난 지금 강남의 제 처소도 쌍문동의 선생님 저택이나 꼭 같으리라 생각하고 있습니다. 책 쌓을 공간이 제대로 된 것도 아니고 집필실 하나 제대로 있는 것도 아니어서 막잡아 이런 말씀을 드리는 것입니다.

"버리고 싶은 이야기가 가슴에 가득하고 전하고 싶은 이야기도 속에 많이 담겨 있어."

결코 궁핍하지 않은 선생님 추억의 비탈길만 해도 엄청난 가치가 아니겠습니까. 거기에다 선생님의 완강한 고집이신, 흉이 될 남의 얘기나 그럴만한 사연은 다 묻어버리고 결단코 입 밖으로 내지 않으시니…. 그 숱한 사연(詞筵)의 까닭과 얘기들을 깊이 묻은 내력만 해도 얼마나 큰 값어치가 되겠습니까. 오늘날 저희 후진들에게 더한 사표(師表)가 되는 "살아온 시대의 한 마디 말씀, 한 토막의 이야기가 언제건 살아 있는 산의 능선이 되고 또 피어 있는 한 송이의 꽃잎이 될 수 있다면 얼마나 영광스러운 일이겠느냐"고 어디서건 하시던 그 말씀은 꼭 명심해야 할 일이라 믿고 있습니다.

더욱이 "하고 싶은 이야기나 말을 다하지 못하고 말았다 할지라도 그 이야기들은 모두 사랑과 윤리 도덕적인 것에 지나지 않는다. 좋은 말과 좋은 이야기는 기억해서 그 말과 이야기대로 실천하려고 노력한다"고 하신 선생님의 말씀과 "하늘을 받들고 살았다거나 사람을 위하여 정성을 다했다는 얘기가 내 기억에 남아 있을 때도 그런 노력을 하려고 애쓴다"고 하신 높은 이상을 저도 그대로 따라 하고 싶을 뿐입니다.

이 이야기에 덧대어 "내가 울고 있을 때 같이 울어주는 사람이 그립다. 남이 울고 있을 때 같이 울어주는 그런 사람이 되고 싶다"는 것은, 사람이 해야 할 마땅한 도리임은 물론이고 다른 동물과의 차이점이 아니겠느냐고 생각해봅니다.

지난해 여름, 대학로에서 문단의 후배들이 벌였던 선생님의 미수(米壽)를 핑계한 전시행사에, 저로서는 미흡하고 너무도 기가 막혀 불컥 화를 냈던 일도 후회롭습니다. 이를 계기 삼아 급히 서둘렀던 가을의 선생님 문집 간행과 미수연 역시 반세기 가까운 선생님에 대한 저 나름의 사랑이라 할지라도 분명 선생님께서는 경계해 마지않는 허물에 지나지 않을 것입니다.

선생님, 명동의 '갈채' 시절이나 을지로 3가의 '대지'를 중심으로 몰려다니던 때의 이범선, 주태익, 김세익 선생과 장하구, 김구용, 왕수영, 이구재 시인이며, 뒷날 조병화, 박태진 선생과도 더불어 세계의 여러 곳을 여행하던 시절이 바로 엊그제 같기만 합니다.

어제는 어떤 자리에 나서서 제가 살아온 삶과 그 지표에 대한 얘기를 하게 되었습니다. 거기서 선생님을 너무 많이 얘기한 듯도 싶어 죄송한 마음 또한 그지없습니다. 사람의 도리로서 또는 시인으로서 문인으로서, 살아가는 마땅한 선비정신이나 신사도 가운데 내 마음의 표준에 서임수 선생과 더불어 선생님을, 그리고 김구용 선생을 그 잣대로 삼고 있다는 사실을 두서없이 늘어놓은 게 퍽 쑥스럽게 생각됩니다. 그런데 35권이 넘는 시집을 가

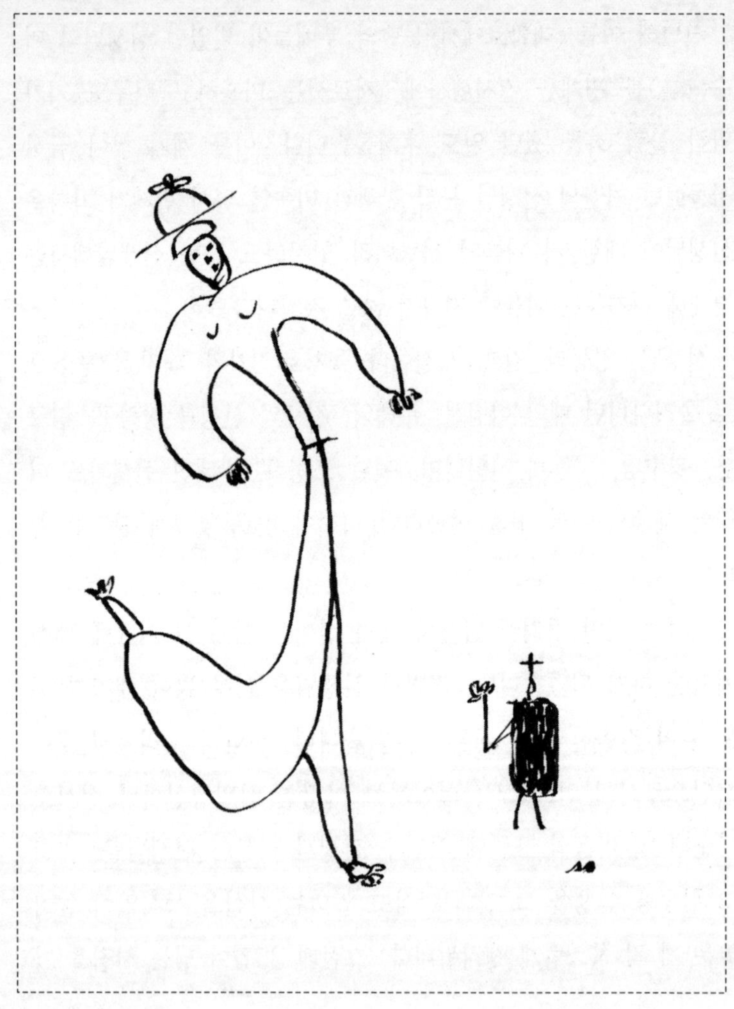

지신 선생님의 "그 낱낱이 늘 절망에 가까운 것이었고 그 수만큼 또 절망으로부터 자신을 구해낸다는 철저한 시인정신"을 저로서는 아무튼 흉내 내고 싶을 따름이었습니다.

또 그분들은 감정적 문법에 철저하면서도 냉랭하기 이를 데 없을 때도 있다는 사실을, 그 흉내를 철저히 따르고 싶은 후배라는 말도 서슴없이 한 일이 더 부끄러울 따름입니다. 허나 선생님의 '항상 객지에 산다'는 그 삶의 양식에 대하여 저는 철저히 내 삶의 철학으로 삼고 싶은 것도 진실입니다.

선생님, 캄캄하고 쓸쓸하던 지난날의 정릉 시절이 돌이켜집니다. 그리고 '유전'이라든지 '전원'이라든지 '디즈니'와 같은 시절의 옛 기억들도 이젠 아쉽기만 합니다.

늘 화려한 나들이처럼 보이지만, 언제나 가깝고 만족한 웃음인 듯싶은 빛으로 드나들던 낡은 찻집, 하지만 혼자 어둔 밤을 돌아 걸어가시는 커다란 그림자의 선생님 뒤를 쫓다 보면 혹 어디로 숨어버리시지나 않나 하는 공연한 걱정을 늘 하면서 혼자 깜깜 속에 남을 때도 많았습니다.

그래도 선생님! 저는 그런 선생님의 흉내로 벌거숭이가 되어 살아가고 싶었고, 언제 뵈어도 낯설지 않은 시인으로, 혹 더 연세가 드셔도 결단코 나이를 거부하는 고집 센 노인의 자태가 아닌 선생님 식의 젊음으로, 누구와 함께 있어도 신선하고 구수한 얘기를 들려주시는 선생님으로, 또 자상하기 이를 데 없는 점잖은 촌장으로 마지막을 가늠하는 선생님 같은 사람이 되고 싶습니다. 꼭 오늘의 선생님처럼 말입니다.

입춘도 지나고 우수도 건넜습니다. 내일 모레면 경칩이 다가올 것입니다. 이 글이 선생님의 쌍문동 댁 책상머리에 닿을 때쯤 말입니다. 추위는 다 물러나고 새싹들이 봄빛에 눈을 떠서 빛날 즈음, 선생님을 모시고 가까운 나들이라도 한 번 했으면 합니다. 지난 겨울은 예보와는 달리 엉뚱하게도 너무 추웠고 참 오래였습니다. 삼한사온이라는 계절적 특성도 없이 까마득히 내리닫이의 혹한에 웬 눈은 그리도 많았던지요.

새 봄날에는 어둔 세상을 밝히고 맑히듯 강물 풀려 물소리가 환한 강변으로 나서서 선생님을 따르는 몇몇 문우들과 함께 귀한 선생님의 말씀을 듣고자 합니다.

올 한 해도 여느 때보다 더한 건강을 누리시고 후진들이 가누어야 할 전범의 훌륭한 말씀을 살펴 주시기 간절히 바랍니다. 선생님, 선생님보다야 못하지만 그 아래치의 삶과 문학과 가치관을 가지고 내일의 우리가 되게 늘 편달 주시기 바랍니다. 가진 것이 없어도 늘 뿌듯하고, 잘못이 없어 늘 떳떳하며 세상에 내놓아 하나도 어그러짐이 없는 문사(文士)의 그 삶, 그런 시인의 생애로 한 점 부끄럼 없이 선생님처럼 살기를 바랍니다. 살펴보면 그런 시인들이 제 이웃에 여럿 있습니다. 그 풋대는 선생님이십니다. 저희들 앞에 늘 강건한 모습으로 계시고 더 오래 사셔서 백수(白壽)하시기 바랍니다.

삶의 최대값

중국의 시성 두보가 일컫는 '인생칠십고래희(人生七十古來稀)'라는 세월을 살아오면서, 나는 늘 그 삶이 허황하고 황당하다고 생각해 왔다. 그것은 통속적으로 얘기되는 바, '아무것도 이루어 놓은 것'이 내게는 없기 때문이리라.

그런데 며칠 전에 지기(知己) 한 사람이 느닷없이 나타나서 늘 그막의 서글픔을 하소연하고 그 해결책을 구했다. 사실 이 나이쯤 되면 우리들 삶에 무슨 도움이라도 될 말을 상대에게 건넬 수 있어야 한다.

그 친구는 내 나이보다 세 살이 더 많으니 분명 손위였고 그 아내는 지아비보다 세 살 아래니 우리 시대의 보편적 가정 구성이라 할 만하다.

새벽 일곱시 반이면 나는 혜화동의 내 집필실로 나와 있는데, 출근하여 물도 데우기 전에 그 친구가 들이닥쳤다. 여덟시가 좀 못된 것 같았다.

얼굴을 들이밀기가 바쁘게 다짜고짜로 "오늘은 좀 좋은 차로 날 대접해 주게" 한다. 언제 내가 차의 품질로 그를 푸대접이라도 했는지 알 수는 없으나 무슨 사달이라도 있나보다고 잠자코 차를 우려 그 앞에 밀어 놓았다.

그제사 입을 열고 그 까탈을 늘어놓는다. 얘기인즉 집에서 나설 때, 아내에게 "그만 이혼하자"고 했다나.

"그 나이에 이혼은 또 무슨 이혼" 하고 실마리가 될 까닭을 물었다. 그의 대답은 이사를 해서 집을 옮겨온 지 두어 해, 또 이삿짐을 꾸려 잠자리를 옮겨야 한다는 지어미의 제안에 그는 그만 화가 치밀어 소리를 내던졌다고 했다.

그의 설명으로는, 늙은 두 내외의 생계는 걱정이 없을뿐더러 아들, 딸들도 궁해서 손을 내미는 형편은 아니란다. 그동안의 잦은 이삿짐 꾸리기로 넓은 집칸을 만들어 온 아내는 그 맛에 재미를 들여 거의 습관적인 복부인의 버릇이 든 모양이란다.

가치관의 차이에도 불구하고 늦게까지 동고동락하는 부부는 이 세상에 흔히 있는 일이다. 그런데 이날 아침 친구는 갑자기 그런 차이점을 이겨내지 못하고 소리를 냅다 지르고 집을 나온 것 같았다.

그러나 그 친구의 말을 들어보면 옳다는 생각도 들긴 했다. 그동안 생활을 하며 아이들을 키우고 모두 시집 장가도 보내서 걱정 없이 살만 할뿐더러, 근자까지 생활비도 어김없이 들여놓고 있으니 모자랄 바 없단다. 젊은 날부터 적당히 옮겨 살며 집을 늘여온 아내의 습벽이, 지금도 '좀더 큰집'이 아니면 '투자개념의 이삿짐 굴리기'에 재미를 붙여 자신은 정말 곤혹스럽고 주위 보기에 민망하다는 것이다.

이 말을 바꾸어 놓으면 '아내는 돈에 대한 집착이 막연하나마 너무 강하다'는 뜻이 된다. 나는 부부의 성장과정이 다르면 인생관도 다를 수 있는 일이고, 또 당신은 '필요하면 그때 벌어서 쓰면 되는 일'로 생각하는 입장이니 애써 다른 생각은 하지 않는 것이 좋겠다는 일반론으로 처음엔 그를 달래려 했다.

그런데 이번 기회에 아내의 그 고약한 버릇을 고쳐놓지 않으면 다시는 기회가 없겠다며 단호한 결심을 표방하기에 나는 드디어 두 가지 방안을 들려주었다. 그렇게 단단한 결심을 했다면 어쩔 수 없이 두 가지 방안 중에 어느 하나를 선택해 보라고 내 의견을 제시했던 것이다.

첫째로, 현재 소유한 집(약 11억원 추정)을 팔아서 반씩 나누어 가지되 남편의 몫인 5억 5천 중에서 2억 2천을 위자료로 부인께 돌리고 쾌히 이혼을 할 일.

그 둘째는, 얼결에 뱉은 '이혼운운'은 말뿐이므로 가볍게 취소하고, 집을 판 그 돈으로 노년의 내외가 화목하게 여생을 지낼 경기도 용인 근처의 양지 바른 실버타운에 입주(보증금 약 2억원)하되, 두 분의 사후엔 그 보증금을 오늘의 결식아동들 점심을 먹이는 자선단체에 기부한다는 유서를 만들어 놓을 것.

그러고는 부인을 위한 야외복 서너 벌과 구두도 그 숫자만큼 마련해 드린 다음 친구가 평생 외우다시피 했던 그리스 로마 신화의 발상지인 지중해 연안을 도는 크루즈 여행에 나설 일.

일정은 대략 22~25일 정도, 비행편의 시발지와 귀국항에서 각각 2~3일 정도를 더 유람한다면 1개월 정도인데 짧지 않은 여로가 된다는 점을 명심할 것.

에게해와 이오니아해를 두루 돌며 크레타와 키클라데스, 또 펠로폰데스 반도며 아드리아해의 구석구석, 그리고 티레나아해 및

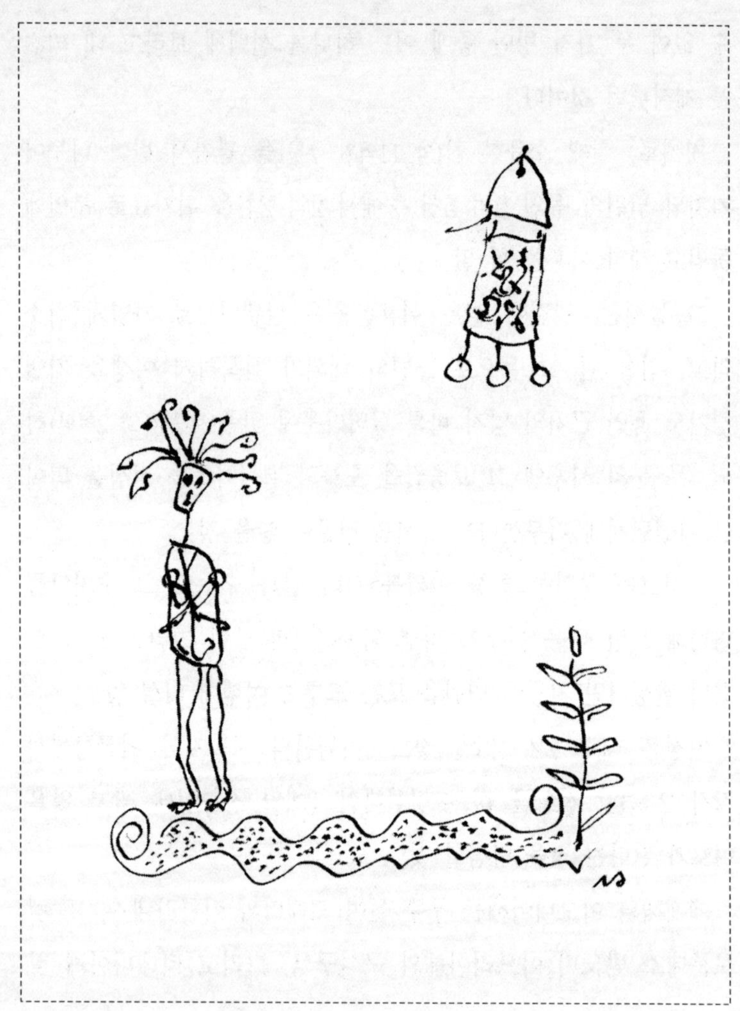

시칠리아를 수월찮게 헤치며 다니는 그 재미와 솔솔함에 다른 여행과는 견줄 바가 못 된다는 점도 일러주었다.

나이 먹은 사람들의 여행으로 매일 짐을 꾸리고 자동차로 이동을 하면서 나들이를 한다는 짓은 아무래도 고달프다. 그래서 배를 이용하면 숙소에 살림을 늘어놓은 채 끝날까지 편히 나다닐 수가 있으므로 참으로 편한 여행이 된다고.

이런 여행을 1년에 한 번 정도, 그 외론 가까운 거리의 일반여행을 또 한 번 곁들이면 충분한 휴식도 하면서 여생을 즐길 수 있는 기회가 될 것이라 설명했다.

분명히 그 나머지 돈을 생전에 다 쓴다는 것도 힘든 일에 속한다. 일부러 소모할 필요는 없겠으나 남길 뚜렷한 이유도 없다고 나는 생각한다.

물론 어려운 형편을 찾아 나서서 애써 자선을 하는 일도 바람직하나, 여태 살아온 노력만의 과정이 그저 아낌이고 무턱대고의 모음인 만큼 억울한 그 시간들을 만회하기 위해선 충분히 자신들을 위하여 이렇게 투자하는 것도 값진 일이라고 나는 믿고 있었다.

이렇게 10년을 더 살아낸다면 여든을 훨씬 넘는 나이에 이르게 되고, 그가 여태 밟아보지 못했던 드넓은 지구의 곳곳을 그 엄청난 거리로 대충 훑어보는 일이 되므로 훗날 어느 때 눈을 감더라도 덜 억울하지 않겠느냐는 나의 지론이다.

사람의 사는 몫은 주어진 일을 하고, 그것의 대가로 끼니를 때우고 적당한 휴식과 알맞은 즐거움을 갖는 일, 그래서 착실히 일을 하고 맛있는 음식을 골라 먹고 눈에 즐거운, 귀에 즐거운 취미나 오락을 갖는 행운은 도락을 넘어 성취감과 더불어 값진 포만감도 안게 한다.

값으로 따져 큰 집의 소유는 우리의 현실로는 담을 높이거나 대문 따위를 튼튼히 하는 불안 의식의 증폭에 지나지 않는다. 번 만큼 쓸 수 있는 권리의 행사는 삶의 보람이요, 행운이라고 누군가 말했던가.

나는 언제나 얼마나 살고 싶냐고 누가 묻는다면 되도록 많이 살고 싶다는 주장을 스스럼없이 한다. 이러한 나의 욕심은 무턱대고의 오랜 장수만을 가리키는 것은 아니다. 살아 있는 동안만이라도 늘 깨어 있었으면 좋겠다는 생각이다. 늘 깨어 있어 생각하고 그 생각을 행동하고 작업으로 활성화시키고 거기 큰 부가가치가 형성되면 되도록 많은 길을 달려보고 많은 역사와 현실을 살피는 일이 뜻 깊다 생각해 왔다.

말하자면 많은 길을 달려 많이 보는 것은 많은 삶을 영위한 값과 같게 된다. 이른 새벽에 일어나 늦도록 일하는 버릇, 그 삶의 총화는 내가 사는 값에 다름 아니라는 생각이다.

틈만 생기면 나는 길을 나선다. 내 이웃의 길을, 우리나라의 가보지 못한 길을, 나아가서는 세계의 모든 길을 다 둘러보고 세계의 오랜 문화와 세계의 숱한 자연을 다 섭렵해보고자 했던 터이다. 또 그렇게 살아왔다. 다 보지 않고 눈을 감는 일은 나로서는 용납이 안 될 것 같았다. 이왕 이승에 온몸, 이승의 곳곳을 다 경험하는 일, 내가 바라는 내 최고치 값이다.

너는 부자

비록 백수(白手)에 건달이어서 낙백부(落魄夫)로 하릴 없는 신세라 해도 재물 때문에 풀어 쓸 줄 모르는 사람을 가리켜 수전노(守錢奴)라 했던가.

그 수전노의 밑자리는 몇 대가 되어도 굶주릴 걱정은 없는지, 그렇듯 밝고 명명백백한 현대의 선진국이란 곳에서 그 아비는 그 아들이라는 소리가 이어지는 해괴한 실태이다.

나도 약간은 그런 덕을 본 셈이다. 갓 문단에 뛰어든 명동의 나에게, 잠시잠깐 부산 시절 술자리를 같이했던 전력으로 하여 천상병은 늘 나를 '부자'로 호칭했다.

물론 내 이름은 '춘복'이다. 그리고는 "넌 부자니까" 하고 반드시 단서를 단다. 함께 술자리를 했다가 50년대 후반의 부산 시절에 보았던 자가용차와 그 뒤로 등단을 했다가 가솔들의 끼니를 제대로 잇지 못한다 하여 아내와 아이까지 나의 선친이 부산으로 끌고 간 얼마 후, 할 수 없이 7, 8개월 바닷가에서 집안일의 심부름을 하던 때가 있었다.

그때도 천상병은 여전한 내 선친의 가업을 덧대어 나를 부자로 만들고 있었다. 그렇다고 그가 무턱대고 내 손등에 올라앉아 무위도식을 한 것은 물론 아니다.

반 년 남짓한 나의 부산생활은 얼마의 서울 문단에 물이 들었던 탓에 마치 고향을 올려다보는 그런 심정이 되어, 내려오는 문인이라면 누구건 옛친구가 되었다.

예컨대 구자운 시인도 그러했고 승려 복장을 한 두엇 문인도 그러했다. 동래 온천장 방면의 술집, 한정식집, 목욕탕집이 얼추 그러했듯이 밥상인지 술상인지를 차려 내고 색주가를 붙여주면 두어 순배 잔이 돌아간 다음 온천욕을 하러 모두들 일어선다.

귀양살이를 하던 나에게는 막힌 구멍을 뚫어주고 스트레스를 해소시켜주는 유일한 낙이기도 했다.

술값이며 밥값이사 그어놓으면(선친의 몫으로) 되지만, 사람의 값인 꽃값〔花代〕만은 외상이 아니어서 늘 시계를 들여다보며 나는 초조하여 암산을 하곤 했다.

대단한 자산가의 아들은 아니지만 여자가 들어와 친구들 옆에 앉은 순간부터 품삯이 계산되고 또 반드시 현찰이어야 하는 마당에 내 주머니는 마음과 함께 늘 동동걸음이 될 수밖에 없었다.

두어 잔의 술에 밥까지 챙기고 다시 아래로 내려가 그 짝꿍과 함께 목욕을 하고 올라오면 얼른 계산을 맞추어 내쫓아야 할 판국인데, 여자 손을 꼭 붙들고 끝까지 놓지 않는 친구들도 드문드문 있어서 내 간이 오그라들 때가 많았다.

그러나 천상병은 여자를 데리고 온천탕으로 내려가는 법은 없으니 팁이라는 꽃값이 들지는 않았다.

그러한 그가 그 누구보다 고맙고 안심이 되었으니 내 모순의 숨막히는 난센스는 어떻게 설명해야 좋을지 모를 지경이다. 이런 일들 뒤로 탈출을 시도하여 나는 먼저 서울로 귀환을 하고 먼젓번의 직장에서 받던 월급의 반이라도 기껍다 여겨 내 가솔을 불러 올렸다.

아주 옹색한 살림을 하고 있는 판인데 천상병은 예나 이제나 똑같은 목청이다.

"야, 임마!"

그러고는 손가락 셋을 어설프게 펴보인다.

"넌 부자니까."

"……."

"아니, 네 아버지는 부자니까."

그 형편이야 어떻게 되었든, 나는 그제도 자산가의 아들로 천상병 시인으로부터 그런 대우를 받고 있었다. 모두의 1천 원의 상납금 혹은 배당금에 비겨 세 배나 되는 3천 원을 나는 아무런 대꾸도 못하고 내야만 했다.

일흔의 굽이길을 가면서 나는 지금도 유일하게 천상병으로부터 부자로 자리매김을 받아 놓고 있다.

어저께는 어느 대학병원의 교양강좌에서, 고희를 넘기면서 내가 여태 편안히, 그리고 행복하다며 살아내는 까닭을 토로한 바 있다. 그것은 이런 '부자' 호칭과 앞으로 죽을 날에 남길 돈의 행방 때문에 온갖 걱정을 해야 하는데 나는 아무런 흉한 시비도 받지 않을 것이란 당당한 사연까지 곁들여 도리어 자신만만하게 얘기한 바가 있다.

대개는 많이 남긴 유산 때문에 그 동반들은 서운하기 마련이요, 장남과 차남이 갈라서야 한다는 눈치싸움이며, 손자와 여식의 배분 비율 때문에 일어나는 곤욕 등도 헤아릴 수가 없는데, 너무도 명백하게 가진 것이 없으니 얼마나 시원하겠느냐 그런 뜻이다.

지금도 길을 가다가 생각하면 그런 계산법을 초월하는 천상병적 환산법은 모두들 쓴웃음을 자아내게 하여 민망해질 때도 더러 있다.

다급한 일이 없는 천상병을 명동의 금문다방 앞에서 맞닥뜨렸다. 다 된 저녁 무렵이라 어디서건 전을 벌일 시간인데, 그날따라 바쁜 목소리로 앞을 막았다.

"오늘은 말야, 사정이 아주 달라."

"무슨 사정이 그렇게 다른데?"

천상병은 비뚜루 고개를 젖히면서 말했다.

"관식이랑 현우 있잖아."

"그래서?"

"오늘은 내가 대접을 해야 하거든."

"그런데?"

"많이 필요한 것이 당연하잖아."

그렇다. 시인 김관식과 시인 이현우를 그가 특별히 대접해야 한다는 사실은 술자리의 값이 만만찮을 것이란 예보요, 의당 자신이 담당해야만 사리에 맞다는 당위론으로 나를 설득하는 것이었다.

그런 당위론은 내게는 이해불가의 소리에 다름 아니기에 애써 그는 나를 설득시키려고 드는 것이다. 왜냐하면 김관식은 현직 고등학교의 교사로 그 수입이 만만찮을 것이고 이현우 시인도 김말봉 소설가의 의붓아들인지라 먹고 잘 공간은 충분히 준비된 터인데, 그 가운데서도 가장 곤궁한 제가 술자리를 차린다는 게 나로선 어려운 문제임에 틀림이 없다.

이해의 벽을 넘기란 어렵다. 그러나 동전의 앞은 반드시 뒤를 보전해야 존재가 되듯이, 그 뒷벽으로 돌아들면 본체에 가닿기 마련 아닌가.

이들 세 시인은 지금은 사라진 명동공원의 파출소에서 간혹 실소(失笑)를 금치 못할 짓거리로 화제를 남기기도 했다. 거나하게 취기가 돌면 그 들이킨 양만큼은 반드시 몸 밖으로 배출을 시켜야 하는 법이다.

세 사람이 같이 마시기를 시작했으니 그 배출도 같은 시간대여야 한다는 공식은 없다. 그런데 꼭 의논이라도 맞춘 양, 바지 앞쪽을 쥐고 파출소로 향한다.

빨간 경찰 표지의 처마 밑 붉은 등 아래엔 칼빈총을 어깨에 멘 경찰관이 서 있다. 환도 이후의 오래지 않은 불안과 불편이 많던 시절이기에 경계 근무가 엄중하던 시대였었다. 그 지구대(당시 파출소란 이름이었다) 앞에 와서 똑 같은 동작으로 소피를 내갈기는 것이다. 경찰이 어이가 없어 물으면, 빨간 등을 가리킨다. 그러니까 홍등을 붙였으므로 창녀촌이 아닌가 하는 것이다. 배출의 섭리에 따라 남자의 구실을 옳게 한다는 뜻이리라. 그 빨간 등이 오래지 않은 세월에 녹색으로 바뀌었다. 물론 이들에 의하여 그렇게 변경된 것은 아니라도 그 익살의 의미는 매우 큰 듯싶다.

그 당시엔 모두가 어려웠기 때문에 누가 그 형편을 거두어 줄 사정은 아니었다. 그래도 극작가 신봉승 씨가 서재를 줄여 천상병 시인이 기거를 하게끔 허용했다. 그런데 문제는 몰래 반입해 온 술병을 책꽂이 뒤에 감추어 두고 식사 때마다 마른 반찬과 함께 들이키는 일이었다. 또 이왕이면 여자가 따르는 술맛을 즐기려고 아직은 유치원에도 가지 못한 그댁 어린 따님으로 하여금 잔을 채우게 했으니 이를 목도한 부인의 심경은 어떠했을지.

이 일로 또 잠자리를 잃고 동가식서가숙하는 신세가 되고 말았다. 명륜동의 소설가 한무숙 선생댁에 기숙할 때도 이와 같은 일화는 숱하게 많다. 잔뜩 취해 한선생의 기와지붕 밑으로 들어가 보니 묘한 병들이 허다하게 경대에 있었것다. 마개를 따고 코를 대보았다.

고급의 알콜내와 그런 향기가 솟구쳐 오르니 들이킬 수밖에. 아침에 그 댁 식솔이 나와 보니 큰대자로 드러누운 천상병 시인의 입에서는 거품이 보글거리고 향수내가 천리를 진동하는 것이 아닌가. 마치 비눗방울로 거품을 만들어 날리는 유치원생의 장난기 섞인 놀음이나 진배없으니까 이런 일을 처음 당한 그 댁 식구들은 난리가 났을 법한 일이다.

그런 천상병의 행방이 한때 묘연해서 친구들이 수소문을 하기 시작했다. 고 이형기, 송영택, 고 박재삼, 고 김구용, 고 신동문, 민영과 이근배, 강민 시인 등등이 알아볼 데를 찾아 탐색을 했으나 오리무중이었다.

이미 김관식 시인은 작고를 하였고 이현우도 오늘까지 행방을 찾을 수가 없게 되어 있다. 그래서 의논 끝에 한 시인의 족적이 이럴 수는 없다 하여 잡지와 신문을 찾아 원고를 모으고 김구용 선생의 제자와 김영태 시인의 소묘를 얻어 내가 구성하고 직접 제작을 했다.

그의 작품 「새」처럼 어디론가 날아 행방이 묘연해서 새의 그림도 곁들여 특대의 호화판으로 발간을 했으니 자연 신문에 언급이 될 수밖에 없었다.

이를 본 응암동의 시립병원 김종해 의사가 귀띔을 해와서 찾은 것이 천상병의 제2 생애가 되는 셈이다. 그는 거의 불구인이 되다시피 하여 우리 곁으로 돌아왔다. 몰골은 형편없었고 거동도 어려울 뿐 아니라 의식조차 온전치 못했다.

정상인이 되기 어려운 천시인을 거두는 간호원의 지극함에 나는 놀랐다. 그 놀라움은 성인의 아랫도리를 닦아내는 정성이며 그 친절에 우리가 보답할 값을 나는 찾지 못했다. 1주일에 한 번꼴로 간호원을 위한 먹을거리나 그때의 수입양말이 내가 생각해낸 최대의 것이었다.

그것이 또 문단의 얘깃거리가 되기도 했다. 으레 그런 풍토에 다 익숙해 있어서 웃음으로 모두 받아넘겼다. 특히 목순옥 여사의 정성은 상상을 초월하는 간호였다. 훗날 혼례의 예도 갖추어 한 시인이 소생하게 된 것은 더 없는 경사요 축복이었다.

그런데 문제는 맑은 정신을 되찾은 천상병 시인이 『새』라는 시집의 원작료를 나에게 말하는 것이 아닌가. 물론 농담 섞인 어투

이긴 했으나 나의 괴로움도 여간은 아니었다. 그 시집을 간행은 하되 앞서의 시인들이 얼마쯤 나누어 판매를 하고 들어온 돈으로 제작비를 충당해 준다는 언약이었는데, 술값으로 다 쏟아버렸는지 혹은 천상병의 행방 묘연을 닮은 계산이 되었는지 단 한 푼도 수거가 되지 않아 개인의 빚으로 주저앉아 내가 떠맡았던 것이다.

내 대답은 명료했다. 그간 소생의 대가로 여러 권의 시집을 천상병 시인이 간행을 했는데 단 한 권도 나에게 보여주지 않았기에 그 사유를 되묻는 것으로 응대를 했다.

천상병의 응수도 간단하다.

"넌 부자니깐, 사서 봐."

이렇듯 명명백백한 사유의 시인을 달리 생각할 이유는 없다. 정신병원 출입과 동베를린 사건으로 비록 고문이 있었다 해도 그는 정상적인 사고로 정상의 시를 제작했다. 혹 그런 일로 곡해한다면 그의 작품도 곡해해야 옳은 일이 아닐까.

다시 찾은 천시인은 그렇게 천진으로 살다가 그의 「귀천」처럼 그 하늘로 우리보다 앞서 갔다. 그의 다정한 친구였던 김관식과 구자운과 이현우와 이형기와 신동문과 박재삼이 모두 가 있는 곳에서 우리를 기다리고 있는지 모른다.

이 순수 무구의 시인이 추구하는 영원의 세계에 어느 누구도 토를 달거나 해석을 붙여선 안될 일이라 믿는다. 오늘 문순옥 여사가 '천상병 문학상'을 고집하고 그 뜻을 기리는 문학제가 말년에 그가 몸을 의탁했던 의정부시에서 이루어짐은 옛날의 고사에서 이른 '네 벽뿐인 집의 가난함에다, 대문짝의 빗장을 떼어내어 남편을 위해 밥을 지은 백리해(白里奚)의 아내'와 같은 고생을 말하는 것이라 나는 믿어 의심치 않는다.

차나 한 잔

아무렇지도 않게 마시는 검은 빛깔의 음료 커피는 그 전래의 역사를 통해보면 파란만장의 파장과 지적 모험을 향유한 듯싶다. 간단하게 화가 김환기 선생의 커피에 얽힌 한 편의 수필 「커피 예찬론」을 들지 않을 수 없다.

커피는 가루로 만들어서 생철통이나 종이봉지에 넣어서 파는 것도 있으나 프랑스의 파리에서는 그리 좋아하지 않는다. 그러기에 모두 알 커피를 사서 집으로 가져가 갈아서 해먹는다. 커피 가는 물랭(Moulin)도 여러 종류가 있지만 무릎 위에 올려 놓거나 팔에 끼고 손으로 달달 갈아서 쓰는 이 고풍스런 기구를 나는 사랑한다.

수화(樹話) 김화백이 파리에 유학할 시절 부엌살림으로 포도주

병마개 따는 것이며, 과일주스를 만들어 먹는 그릇, 그리고 앞에서 인용한 글 속의 커피 가루 만드는 물랭(분쇄기) 등이 있었던 모양이다. 이 가운데서 물랭을 제일로 마음에 들어 한 그가 여러 가지 모양의 것을 구해다 놓고 때맞추어 쓴다고 자신의 취미마저 고백하고 있다.

> 윤기가 반질반질한 커피콩을 직접 갈아 금방 뽑아 마시는 커피의 신선한 향기와 맛이란 다방의 그것과는 사뭇 다르다. 아침에 일어나 물랭을 들고 나와 사박사박한 커피콩을 갈고 있으면 마음이 평화로워진다. 마치 서예가가 먹을 갈며 상념을 하듯이 물랭을 돌리고 있으면 마음이 참 고요해진다.
>
> 아침 커피잔은 대접에 가깝도록 크다. 아침 커피는 아침 식사이기 때문이다. 막걸리 같은 진한 목장우유에 검게 뽑은 커피를 반반씩 해서 한 대접을 마시느니. 이 까페올래를 나는 잊을 수가 없다.

그 내용은 얼마쯤 낯이 선 것 같은데 이른 새벽의 아침 식사로 큼직한 그릇에 커피와 우유를 반반씩 섞어 마시는 저쪽 사람들의 풍습은 프랑스만의 풍경은 아니다. 유럽의 남부와 지중해 연안 및 북아프리카의 여러 곳에서 그런 아침요기를 하며 여행을 한 경험이 내게도 있다. 그 가운데 모로코의 마라케시나 카사블랑카 또는 나이지리아 등지에서는 으레 아침이면 우리네 다완과 같은 대접에다 커피와 생우유를 섞어 간단히 씹을 것과 더불어 내놓기 일쑤였다. 저들의 그런 풍습은 커피의 원산지가 아프리카였다는 점을 감안하면 쉽게 이해가 된다. 적도에 가까운 지방에서 자생하던 커피나무가 15세기경엔 에티오피아를 거쳐 남쪽 아랍까지 전래되고, 이슬람교도들에 의해 종교행사 때도 즐겨 등장하는 음식이 되어 유럽 대륙으로 넘어와 모든 사람들을 즐겁게 했다.

1554년경엔 이미 터키의 보스포루스에 상륙하여 커피점이 콘스탄티노플에 생기고, 시인과 재판관들이 출입했다는 기록이다. 이탈리아의 식물학자는 그 성분을 과학적으로 분석한 이후 약 2백년 가깝게 '치료제인가 아닌가' 하는 논란이 자자했던 일까지 있었다.

특히 1670년에는 아르마니아 출신의 파스칼도 '메종 드 카누'에 커피점을 열었다고 하고, 1720년에는 파리에 4백여 군데의 카페가 있어서 당대의 지식인들이 아지트로 삼아 열린문화를 비롯한 모든 현실을 토론했는데 그런 계기를 프랑스의 혁명으로 이어간 사실도 유명한 얘기에 속한다.

이런 내력이 아니어도 우리나라의 경우, 조선조 말기엔 고종황제가 일제의 압박 때문에 러시아 공사관으로 피신한 1년 동안 세자인 순종과 더불어 커피맛을 즐겼다고 하는데, 덕수궁으로 옮기신 이후에도 그대로 이어졌다는 기록이 있다.

여기 덧대어 시인 이상(李箱)은 서울에서 네 번이나 커피점을 개업하고 또 닫았던 사실을 우리 문인들은 기억하고 있다. 종로네거리의 신신(지금의 제일은행) 근처에 '제비'라는 다방이며 인사동의 '학(당시는 일본말로 쓰루)', 다시 일본 당국의 허가까지 얻어 개업 준비를 하다가 개점을 이틀 앞두고 허가가 취소된 '69' 다방, 그리고 명동에서의 '맥(보리, 일본어로 무기)'이 바로 그런 곳이다.

이 가운데 '69'는 광교 근처인데 일본 경찰의 허가를 받아냈으나 선정적인 기호와 다를 바 없다고 하여 풍기문란이란 이유로 금지되었다 한다. 일련의 이런 내력들은 기생 금홍과 동거생활을 하면서 경영하려 했던 사실로, 한때나마 앞서의 수화 김환기 선생의 부인이 된 여성과도 연관해 서구의 루살로메와 수없는 염문 등 세상을 떠들썩하게 했던 연하의 시인 릴케, 그리고 철학자 니체, 늦게는 정신의학도 프로이드 등 파란만장한 열애와 지적 모험과도 같은 점들이 아주 쉬운 연상을 낳을 것만 같다.

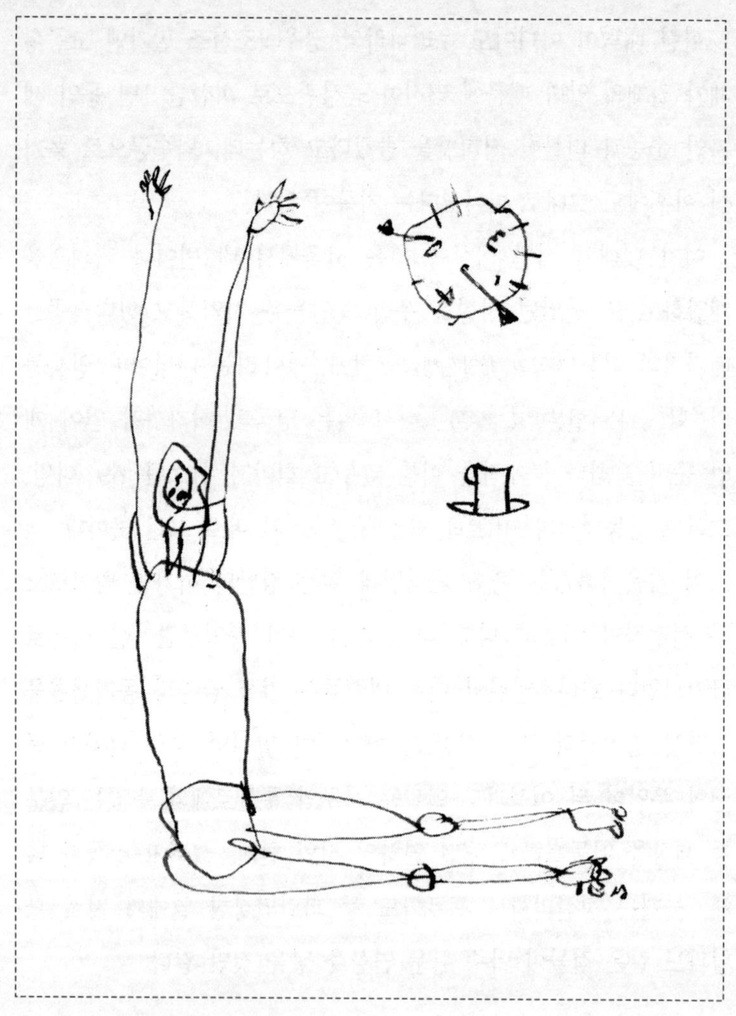

이렇듯 커피는 지성적 영혼과 현실을 연계하는 자유 갈망의 애정 및 우정을 정신적 육체적 동반자로 살게 하는 고통의 음료였던 모양이다. 그쪽이나 이쪽이나, 아니 더 솔직히는 내 자신의 내부 깊숙이에 단호하게 말할 수 있는 어떤 영향을 뿌리로 하고 있는지도 모른다고 나는 종종 생각도 해본다.

거의 정확히 나는 새벽 4시 자리에서 일어나 앉으면 너무도 당연히 내 일과의 시작으로 커피가루 만들기와 그 향기 맡기이다. 이 노릇을 50년 가까이 반복하였다. 그런데 최근에 얼마의 게으름도 가세하여 약간의 변화가 있다. 이 변화의 조짐은 이른 새벽의 걷기로부터 다소의 맨손체조를 위한 모임에 참가하면서 차츰 무너져 내렸다. 말하자면 새벽운동 다음의 순서로 밀려난 셈이다.

혜화동 집필실이 있는 곳에서도 알 커피의 가루내기와 드로퍼를 이용한 커피 뽑기는 그 향과 함께 두 번째 행위로 바뀌어져 물랭을 틀어쥐거나 온 방안 가득히 흩어놓은 커피향은 아침 7시 반쯤에 이루어진다. 꼭 그 시간이 아니라도 방문자면 누구나 언제든 커피내를 맡기 일쑤다. 이때까지 애지중지하던 원통형의 물랭은 커피를 나보다 더 즐기는 이웃에 양도하고, 지금은 조금 편한 것으로 다시 장만한다. 그러나 아직도 기분만은 전의 것을 껴

안는 것으로 기분을 낸다.

둥근 원통의 먼저 것은 머리에 돌림 날개를 달고 있어서 힘주어 돌리는 그 재미란 아귀를 트는 참맛이다. 내 일과의 시작을 잘도 대변해주고 있는 일이다. 유럽의 어느 거리에나 널브러져 있는 차도와 인도의 구분 막대가 원통에다 구멍을 뚫고 쇠사슬로 연결한 남성성의 상징과 비슷한 것으로, 부엌살림의 주방에 놓인 이 물건 또한 주부가 틀어쥐는 그 상징성으로 헤아려 틀림이 없다고 생각된다.

아주 달게 그리고 혼자 마시는 나의 이 두 번째 커피는 먼저 것과는 판이하다. 왜냐하면 운동시설의 한 귀퉁이에 앉아 종이컵으로 홀짝이는 처음 커피에 비하면, 내 일자리의 안옥한 의자에서 스스로 우려낸 그 맛이란 유다른 방향은 물론이고 한동안 그 신선미에 들게 하여 온 방안을 다 적셔놓기 때문이다. 또 아침식사는 늘 거르기에 그 차맛의 처음은 매우 자극적이라면 기호음료의 까닭은 또 그 빛과 향에 매료되게 한다. 쓴맛과 신맛, 그리고 단맛과 떫은맛이 어우러진 조화로움, 그렇고 그런 빛깔이 주는 느낌은 그 성향의 예지함과 함께 나의 심장을 뛰게 하고 나의 하루를 완벽하게 열게 해준다.

에베수와 크레타

지중해로의 진수

흑해와 마르마라해가 맞닿아 있는 이스탄불을 어둘 녘에 떠나 에게해로 빠져 나오니 이미 아침의 갓밝음은 시작되고 있었다.

터어키의 한 작은 섬 쿠사다시에 배를 묶어두고 우리는 에베수를 거쳐 이즈미르와 트로이까지 올라가기로 되어 있었다.

에베수를 찾게 된 연유는 내가 예수교도는 아니라 할지라고 이곳이 영감의 성서(聖書)지역으로 사도 바울이 열심히 활동하던 곳이었고, 또 아들 예수를 잃은 성모 마리아가 그 여생을 이곳 낯선 산천의 한 골짝에서 움막을 엮고 지냈기 때문이다.

바울과 요한의 무덤교회도 더할 나위가 없는데 성소의 움막이라니. 거기에다 보통 3천 년, 4천 년씩이나 되는 인류 문화의 유적들이 여러 곳에 흩어져 있으니 흥미가 따르지 않을 수 없었다.

또 그곳은 로마시대의 완벽한 유물들이 그대로 놓여 있는 곳으로, 당시의 도서관 건물이며 원형극장, 시장통과 주거지 등이 고스란히 살아 있다. 인류의 영원한 유산을 이처럼 한꺼번에 볼 수 있는 행운을 갖기는 아주 드문 장소다.

나는 오랫동안, 그리고 수도 없이 이스탄불에서 출발하여 마르마르해를 끼고 트로이로 다시 외렌을 지나 에게해의 협만에 있는 이즈미르를 보고 에베수에 이르기를 얼마나 고대하였던가.

얘기만 들어도 숨이 막힐 지경에 이르렀을 즈음, 내게 그 기회가 주어졌던 것이다. 이스탄불에서 성 소피아 사원의 웅장함을 거듭 확인하고 목마(木馬)의 트로이가 비록 기념모조품이긴 하나 신화의 세계에 흠뻑 빠져 보는 일도 괜찮다 싶던 내 꿈이 드디어 이루어지는 기회가 온 셈이다.

10만 톤이 훨씬 넘는 새 유람선이 포선되어 진수식을 가졌고, 그 기념항로에 여행 애호가들을 초치하여 뱃고동을 크게 울리며 지중해를 가로지른다니, 내가 얼마나 큰 행운아인지 어디다 비교할 데가 없는 듯싶었다.

세상으로 트여 있는 길은 많다. 그 길 가운데서 다행이라 할

길이 인간의 생애 가운데 그리 흔치는 않다. 사실 나는 오늘까지 참으로 많은 길을 달려왔다.

내 나이 쉰도 넘고 예순도 지나 일흔이 가까운데 아직까지도 곳곳을 다 누비려 들다니. 그동안 하늘의 길이며 땅의 길, 그리고 뱃길을 통해 한도 없이 다녀보기도 했다.

만일 삶의 길이 사람의 욕심과 같은 것이라면 나는 한도 없는 여로를 펼쳐 내 욕심으로 낯선 세상을 다 들여다보는데 쓸 것이다.

예컨대 내가 사는 서울의 길, 한국의 길, 웬만한 데는 다 훑었다. 내딴에는 짬만 생기면 나서던 길이 아니던가. 그러니 꼬박 내 인생을 한데서 보냈다고 해도 잘못된 말은 아닌 듯싶다.

이번에도 마찬가지였다. 특별한 연유가 있어서가 아니다. 두어 차례의 성지순례 코스를 밟아 보았지만, 에베수는 전혀 발을 들여놓지 못했었다.

그보다 트로이가 더 보고 싶었다. 트로이의 목마보다는 오히려 목마와 같은 엄청난 힘으로 그리스를 짓밟은 오스만터어키의 압제(壓制)에 의한 죽음 천지의 희랍, 그 식민지인의 울음과 몸부림을 나는 몇 해 전에도 서울에서 경험하고 확인한 바 있다.

그 경험은 극장 안에서였고 무대 위의 시(詩)로부터 그 통렬함을 옮겨 받을 수 있었다.

남산의 서울예술대학은 무대가 극장의 중심에 있어 빙 둘러 높다랗게 객석을 마련해주고 있다. 그런데 그날은 청중이 객석에 앉았던 것이 아니라 중심의 무대에 서 있게 했다.

배우들은 막이 오르는 신호와 함께 맨윗자리라든가 출입구부터 쏟아져 내리면서 엉엉 울음소리를 내기도 하고 곡소리와도 같은 을씨년스런 소리를 내뱉으면서 중심의 얕은 무대로 내려와 우리를 향해 서서히 내리꽂히는 형국을 연출하였다.

남녀의 배우들은 실오라기 하나 걸치지 않은 맨몸뚱이였고 신발도 머리의 두건도 전혀 없었다. 처음엔 어둠의 천지여서 잘 몰랐다. 그 어둠의 저켠에서 '움움' 하는 괴상한 신음소리가 마치 물이 넘치듯 흘러 넘친다 싶었는데 무언가 부드러운 살갗이 청중을 마구 떠다민다고 생각할 즈음, 조명이 밝아지면서 힘차게 나신들이 우릴 뚫고 지나가는 것이 아닌가.

전후좌우로 혼란스러운 장면이다 싶었는데 실제로는 각각의 방향이 따로 있어서 더러는 맨손으로 또 더러는 흰 헝겊을 흔들면서 몇 사람이 그룹이 되어 시체를 걸머지고 어디론가 곡소릴 하면서 가고 있는 참이었다.

슬프고 안타까운 장면이 연출되었다. 땀 흘린 모습들은 착취를 당하는, 가혹한 형벌을 당하는, 지쳐 죽음 직전에 이르는 노역의 처참한 장면이었다.

트로이에서 에베수로

어느 누가 언어로 보조적인 설명을 덧붙이지 않아도 무언(無言)의 시(詩)가 전해주는 저 비통함이라니. 언어의 장중함을 비어(非語)로 전달하며 우리를 감동케 하는 낭송이 아니던가.

시인 호메로스의 장중한 작품에 등장하는 그 목마의 터전, 기원전 3천년부터 촌락이 형성된 트로이, 청동기문명의 발상지이기도 한 그곳. 신화의 혹은 전설의 그 도시를 사실로 믿고 히살리크 언덕을 트로이로 발굴한 슐리만, 그는 그리스인이 아니었던가.

그 그리스의 남녀가 목이 메게 울부짖는 설움의 곡소리는 분명히 4백 년의 식민지생활에서 얻어낸 것이리라. 중세의 암흑기라 할 '터어키의 멍에'는 압제자 터어키에 대한 노예의 울부짖음에 다름 아니었다.

그런 터어키인은 우리의 말과 글을 빼앗았던 36년의 일제의 세월보다 몇십 갑절은 더 긴 기간 동안, 그리스의 언어조차 교육

하는 것을 금지했었다. 저들의 언어로 말하게 했고, 저들의 종교만 믿게 했다.

그리스의 자존은 오직 민족정신에 있었다. 그리스 정교를 정신적 지주로 삼은 이들에겐 비밀학교까지 지하에 있었다. 그런 오스만제국의 침략과 보복은 뒷날까지도 오래 계속된다. 그리고 오늘날도 이들의 사이는 편편치가 않다.

드문드문 뱉는 극중의 그리스인의 시어(詩語)가 단순히 그들의 언어여서 객석에서 알아듣지 못하는 것이 아니라, 저들의 역사를 알고 저들의 설움을 안다면 언어란 아무짝에도 소용없다.

나는 이때 낯선 언어로 듣게 되는 숱한 나라의 또 많은 민족의 시(詩) 낭송이, 뜻의 이해가 그렇게 중요하지 않다는 사실을 깨닫게 되었다.

아무튼 일리아스의 그 트로이와 에게해의 중심 도시인 이즈미르(izmir)는 몇 번의 지진 때문에 그리고 외적의 침입으로 유적이 얼마 남지 않았으나 옛것과 오늘이 잘 융화되어 있을 뿐더러 해안을 따라 나열된 카페와 바를 한가롭게 거니는 것도 맛스럽고 멋스러웠다. 수십 개의 고린도 양식의 기둥인 돌조각들이 아무렇게나 나뒹굴고 있어 마음이 무척이나 아팠다.

그러나 내가 목표로 삼은 에베수는 431년에 세 차례나 종교회의가 열렸던 곳으로, 성모 마리아가 아들 그리스도가 죽은 후 남은 여생을 숨어 보냈던 곳이다.

성모 마리아교회에서 7킬로미터나 떨어진 브루브루 산 속의 호젓한 곳인 듯싶다. 지금은 관광객들로 난장판이 되어 있다. 예수의 어머니는 64세까지 살았는데, 1967년 교황 바울 6세가 이곳에서 미사를 드려 전 세계에 알린 결과가 되었다. 올해 그 기념제가 열리기 때문에 더욱 이름이 나 있는 편이다.

특별히 아름답다거나 웅장하다거나 하지는 않으나 다소곳하게 엎드린 조용한 골짜기였다. 아름답기로는 유럽의 어느 나라도 괜찮다. 그러나 어마어마함을 제거해버리면 우리들의 고전에 자주 등장하는 이름난 곳, 가끔 우리도 덩달아 비유로 쓰는 그런 고장이 으뜸이 아니던가.

예컨대 중국의 웬만한 문헌이면 상징적으로 거론되는 무릉이란 고장이 있다.

이 무릉도원은 상상의 곳이 아닌 실제의 지명이다. 일반적으로 중국에서 명소라 할 관문은 계림과 리강이다. 제1차 관광에서 들르는 이곳보다 황산(黃山)은 그 1백배쯤은 된다고 할까.

겨울 여행이 까다로워 눈 덮인 황산에의 접근은 어려우나 그만큼 값을 줄 만도 한 곳이다. 그보다 더 점수를 올리기 위하여선 무릉원을 쳐야 한다. 이 무릉원은 이젠 근접하기도 쉽다. 중국의 역대 시인이 다 예찬해 마지않은 곳으로 장강을 타고 내려 의창을 지나 장가계로 가면 쉬운 길을 얻을 수 있다. 그러나 상해로부터 근년엔 비행기를 띄우기 때문에 훨씬 더 많은 시간을 단축할 수가 있게 되었다.

황산보다 1백배는 더 아름다운 곳이라면 계림의 풍광에 비하여 1만배가 되는 곳이다. 그리고 그보다 한 수 더 올려 잡자면 석림(石林)이요 대리(大理)요, 여강(麗江)의 다소곳함을 일컫지 않을 수 없다.

혹 더한 경관을 위하여는 미답의 홍하(紅河)로 길을 뚫어 아름다운 세계의 일주로 내 여행의 마감도 해볼까도 한다.

다시 지중해

소나무가 허리를 굽히고
듬성듬성
무대 위에 웃음을 뱉는

내 동공 속의 바다

고향 땅 울기공원 같은
방어진의 그것
지금은 한적하기 짝이 없는
바다만 같다고 나는 생각한다
내리받이 길이 너무도 좋아
물줄기가 곧장 쏟아내릴 듯
붉은 기와들의 날카로운
파도소릴 나는 흉내내고

다시 나는 바다를 돌이키고 있다
아무도 쉽게 함께할 수 없는
혼자의 물길에 가부좌를 틀고
내 꿈을 엮고 있다.

이렇듯 한 물길을 나는 바람으로 간다고 생각했다. 물길을 펴고 있는 바람, 바람의 길을 나는 잣고 있는 것이다. 내가 달리는 이 바람의 길을 바다가 따른다.

이 바다 깊숙이, 아니 이 바다 저 높이에 잠들지 못하고 서성이는 옛 사람들, 인류의 문화가 별로 떠돈다. 별의 길을 따라 역사는 흐르고, 그 역사 속엔 길이 또 놓이게 된다.

거울 같이 잠잠한 호면을 미끄러져 가면서 나는 지중해의 고요 속에 널브러져 있는 옛도시들을 돌이켜 보았다. 로도스 섬의 아래턱을 바치고 있는 키프로스, 요즈음도 그리스인과 터어키인의 싸움이 잦은 그 섬 그리스쪽으로 키를 조금만 돌려도 크레타가 머리꼭지로 기어오른다.

바람의 끝에서 다시

기원 전 2천 년의 문화, 물론 에게해에서 가장 큰 섬이긴 하지만 아프리카까지 바라볼 수 있는 변화무쌍의 매력, 또 온난의 지중해 기후임에도 하얀 산머리를 지닌, 그 아래 사마리아 계곡, 참으로 화려했던 미노아 문명이 아닌가. 이를 일러 고고학 박물관이다.

그리스 신화에 따르면 이 섬의 미노스 왕이 한 번 들어가면 두 번 다시 나올 수 없는 미궁을 지어 미노타우로스라는 괴물을 가둔다. 그런 신화의 세계가 수수께끼로 묻힌 크레타고 미노아 문명이다.

물로 19세기 초에 에반스에 의해 발굴되었지만 역사에의 엄청난 복귀로 확인된 셈이다. 크노소스의 발굴로 3,700년 전의 궁전이 생생하다. 이 불가사의의 유적은 그야말로 동화 속의 터전에 틀림이 없다.

꿈의 미궁인 크노소스의 궁전은 붉은 나무기둥에 소뿔을 본뜬 상징물, 색깔이 휘황찬란한 벽화들, 1,200개 이상의 방으로 추측되는 미궁의 회로, 상상의 짐승과 뱀의 여신상, 화사한 여왕의 방과 욕실, 수세식의 화장실, 급수와 배수 시설이 완벽했던 고도의 문명들이다.

어쩌면 이들의 모두가 플라톤의 '아틀란티스 문명'과 관계되지 않을까도 생각해본다. 이 미노아 문명, 혹은 크레타 문명이 뒷날 발굴된 산도리니 섬의 유적, 그와 비슷한 에게 근해의 고도한 문명의 유사점, 그래서 '에게문명'이라 할 새로운 발굴 및 연구가 플라톤이 만년에 발의한 아틀란티스 문명의 신비로 해명되어 명명되지 않았는지 모를 일이 아닌가.

이 섬의 곳곳에 나붙은 '조르바'라는 가게의 이름, 모두가 카잔차키스의 소설에 나오는 주인공의 이름을 따온 것들이다.

크레타가 앞의 크노소스 궁전을 비롯하여 미노아 문명의 유적으로 유명하기도 하지만, 바로 이곳에서 태어난 그리스의 사상가이자 소설가인 카잔차키스 때문에도 이름이 더 나 있다.

니코스 카잔차키스, 그의 이름을 잘 몰라도 안소니 퀸이 주연한 「희랍의 조르바」는 많이 알 것인데, 그 원작이 「알렉시스 조르바」이다. 이 작품을 두고 '그리스인보다 더 그리스적인'이라고 하는, 크레타인의 아주 소박하고 담대한 관습과 지방색을 서슴없는 필치로 또 엮고 있다.

여러 나라의 말로 번역되었는데, 그 모든 번역본이 이라클리온의 역사박물관에 있는 '카잔차키스의 방'에 보관되어 전시되고 있다.

카잔차키스는 1883년 이곳에서 태어나 터키의 압제에 항거하여 빨치산으로 활동하며 청년 시절을 보낸다. 제2차 세계대전 후에는 그리스의 유네스코 담당 장관직을 맡아 활동을 한 적도 있는데, 1959년에 독일에서 그 여생을 마감한다. 그의 묘가 성루에 있는데 묘비에는 이 같은 말이 새겨져 있다.

아무것도 기다리지 않으며
무엇으로부터도 도망하지 않는
나는
아주 까다로운 사람

이 도시의 서너 군데에 그의 기념관이 있다. 역사박물관과 그의 묘지, 한때 그가 살았던 유스호스텔 부근의 작은 집, 그리고 이라클리온으로부터 10킬로미터쯤 떨어진 생가가 그것들이다.

내가 탄 배는 크레타를 돌아 아데데로 올라갔다. 파르테논 신전이나 아크로폴리스 광장은 두어 번 다녀간 적이 있고 근대 올림픽의 스타디움도 한국의 현대가 트랙을 조성해 주어서 기념이 될 만하다. 그 트랙의 끝에 네모의 대리석 기둥이 오뚜마니 서 있는데 두 남자가 따로따로 서 있는 양하다.

그 중의 하나는 젊은 남자의 머리, 네모지게 기둥으로 깎아 세웠지만, 기둥의 중간쯤 내려오다 땅을 향해 내려뜨려져 있는 남근(男根)의 볼품없음이 조각되어 있고, 반대켠은 아주 늙은 할아버지의 얼굴인데, 역시 아래로 내려오다가 같은 높이에서 강렬할 정도로 우뚝 치솟아 있다.

안내자의 설명으로는 운동을 하는 사람의 성욕과 정력 및 그렇지 못한 사람의 대비된 조각상이라 한다.

우리는 다시 항해를 계속하여 베네치아로 들어간다. 큰 배가 만드는 물결이 난바다의 파도와 같아진다. 도시가 온통 짠물을 뒤집어 쓴다.

오, 베네치아

하얀 돌담에 바다가 몸을 푼다
처얼썩

이끼 낀 담벼락은 아쉬운 듯
머리를 흔들어대고
처얼썩

초록의 물너울을 받아서
섬 하나
뭍으로 굳힌다

오, 섬이여
베네치아여
너를 만나러 내 다시 네게로 왔다
처얼썩.

내가 저어가는 이 뱃길은 항해를 계속하여 카프리 섬에 잠시 멎었다가 나폴리로, 우리는 다시 피렌체와 피사를 거쳐 배에 오르고, 몬테카를로에서 하룻밤을 묵는다.

이후 바다는 스페인의 바르셀로나에서 버리게 된다. 그리하여 안토니 가우디의 하늘로 내 집을 찾아든다.

자작나무의 나라로

우리가 탄 비행기의 의자는 등받이가 잘 고정되지 않아서 마치 승객들이 어디론가 끌려가는 죄수들처럼 안절부절못하는 자세였다. 허리를 펴고 등을 세우면 뒷자리의 사람에게 그 등받이가 넘어가기 때문에 모두가 불편한 자리에 앉은 사람들 같이 아주 멍청하게, 아니 차렷자세로 꼿꼿하게 굳어져 있었다.

모스크바에서 타쉬켄트로 가는 국내선 여객기였다. 빈자리 하나 없이 빽빽이 들어찬 비행기 안은 답답할 정도였고, 또 승무원의 몸집도 대단하여서 꼭 호송되어가는 모습이나 다름없다 생각되었다.

나중에 안 일이지만, 이 국내선 여행마저 그들 내국인과는 달리 몇 갑절은 더 되는 요금을 지불하고도 똑같이 취급된다 싶어 매우 억울한 심정이었다. 그들 내국인은 그러나 우리에 비해 헐값이긴 하지만 그들 여건에선 꼭 그런 것만도 아닐뿐더러 자리 얻기가 여간 힘들지 않다는 사정을 처음으로 들었다.

이런 엉망의 여행은 당시의 소련 여행에선 어디 가나 부딪히는 애로였다. 그러니까 지금과 같이 완전개방의 시절도 아니고 또 오늘의 연방 해체로 독립국연합도 생기기 몇 해 전의 일이니, 딱딱하고 여유 없는 체제하의 수속이요 기회였던 만큼 그만한 것은 얼마든 감내할 줄 알던 때였다.

그것도 서울에서 바로 모스크바로 직행하는 것이 아니라 일본으로 건너가 시베리아 루트를 타고 넘는 일인 만큼, 당시로서는 흥미도 있고 신기했던 터였다.

처음 보는 툰드라의 광활함과 시베리아의 드넓은 벌판에서 치솟는 천연가스를 내려다보다가 비가 내리는 모스크바 국제공항에 내렸다. 창문에 떨어지는 빗줄기의 빗금과는 달리 흰 무늬의 자작나무 숲에 둘러싸인 공항, 나는 흥분보다는 왠지 쓸쓸함을 느꼈다.

그러나 그것도 잠시, 청사 내의 화장실에 들렀다가 기절을 할 뻔했기에 이후엔 준비심에 그럴만한 마음의 여유도 챙길 수는 없었다. 이런 상황은 레닌그라드(당시의 지명)도 타쉬켄트도 알마아타도 마찬가지였다.

화장실에 갈 때는 반드시 코를 두 손가락으로 눌러 막을 것, 휴지는 어떤 일이 있어도 준비해 갈 것 등등이었다. 물론, 사회주의 국가에선 도처에서 겪는 일이긴 하지만 그때마다 한심스럽다고 생각을 했기에 굳이 하는 얘기이다. 마치 툰드라의 울창한 숲이나 늪에서 끊임없이 내뿜는 천연가스마냥 유황냄새라도 꼭 풍겨야 한다는 식의 불결이었다.

불결보다는 게으름이었고 무관심이었다. 이러나 저러나 사회보장을 으뜸으로 하는 체재이니 애써 노력할 필요는 없다는 뜻일까.

호텔만 해도 그렇다. 현관이라 할 관광호텔의 정문엔 출입(특별한 계층이거나 우리와 같은 외국인)을 통제하는 사람이 위아래를 열심히 훑어본다거나, 프론트 데스크의 불친절에다 또 층마다 열쇠를 맡고 있는 뚱뚱한 아주머니, 거기 등록증을 보이고 열쇠를 찾거나 맡기는 일 따위의 비능률적 운용, 낡고 고장난 시설들이 서구에선 도저히 용납되지 않는 서비스였다.

식당에 앉아 식사를 할 양이면 종업원이 재빠른 솜씨를 보기는커녕, 전혀 엉뚱한데 신경을 쓰느라 제대로 대접받기가 여간 어렵지 않다. 예컨대 빈 접시를 치우는 사이사이에 상어알이 든 병을 주머니에서 꺼내어 사지 않겠느냐고 묻는다든가, 은행보다 몇 갑절 더 주는 환전을 시도해 보는 그런저런 일 따위 말이다.

아마도 사회주의 체제가 붕괴되기 시작하는, 그러니까 고르비의 저 유명한 페레스트로이카 정책을 시발점으로 해서 새로운 삶에 대한 인간주의 의식이 싹틈으로 하여 비롯되는 풍조는 아닌지 모를 일이다.

앉았다 일어서면 삭을 대로 삭은 냅킨의 먼지가 내 검정색바지를 하얗게 물들여 놓았다든가, 거리를 나다니기 위해 밖으로 나서면 인도의 어느 도시를 방문했을 때처럼 멀쩡한 아이들이 학교는 가지 않고 따라다니며 무엇인가 얻으려는 그 안타까운 노력에 대하여, 나는 내 스스로에 분노를 퍼붓고 있었다.

하지만 이런 일도 그들의 문화유산이나 역사 속의 발자취에 닿으면 눈 녹 듯하니, 여행이란 역시 나서고 볼 일이란 결론에 도달하게 된다.

나는 지난 시대의 유물이나 역사의 오욕이 담긴 웬만한 것은, 혁명이란 미명 아래 모두 박살이 나고 말았거니 생각을 했는데 천만의 말씀, 그에 대한 그 국민의 자부심과 자긍심을 보고 다시

한 번 놀라지 않을 수 없었다.

5천년 역사의 긴 내력을 자랑하면서 얼마 안되는 기간의 모든 동상을 무차별 박살내었던 우리의 경험에 비추어, 아직도 죄인이 되었건 원흉이 되었건 그 자리에 있는 숱한 흉상과 입상을 나는 묘한 심사로 올려다보았다.

레닌이 그렇고, 스탈린이 그러하고, 톨스토이나 투르게네프와 체홉이 다 그랬다. 크레므린이 그러하고, 붉은 광장이 그러했다. 그것은 모스크바 중심가나 레닌그라드의 오월광장에서도 마찬가지였다.

아마도 많은 땅이 대륙의 동쪽에 기울어 있어도 모든 정신 성향이 서쪽으로 가 있기 때문은 아닌지 생각해 볼 일이다. 그래서 호텔에서의 서비스에 대한 팁도 그에 준하고, 혹 몰래 잠입한 매춘녀의 아양이나 태도도 서구의 그것에 하나 못지않았다.

비록 아이들이 거리에서 구걸행각을 하고 식료품을 얻지 못해 가게 앞에서 몇 시간씩 줄 서 있긴 하지만 그들의 자존심은 결코 굽혀지지 않음을 본다. 만일 우리가 섣부른 질문을 던졌다면 그건 용납되지 않는 모욕이 될 터이다.

낡고 고장난 설비와 서비스를 제공받아 불쾌하긴 했지만, 그들은 대륙적 기질을 보이기라도 하는 양 얼마나 끈질기게 버티는가를 보면 우리의 예절이 어떠해야 하는가를 쉽게 알 수 있다.

다시 걷고 싶다. 비록 그런 곳이긴 하지만 잠재의 그 나라, 인내성 좋은 그 사람들과 어울려 알마아타 거리를 다시 걷고 싶다. 저물녘의 카페에 앉아 대학로의 서툰 화가에게 내 얼굴을 한 장쯤 그리게 하고 싶다. 남의 창틀에 끼워놓은 러시아 특유의 풍경그림이라도 여행기념으로 꼭 보관하고 싶다.

다시 자유로워진 러시아나 그밖의 나라들, 그러나 나는 다시 가고 싶다. 그때 미처 다하지 못했던 예의라도 갖추며 가고 싶다.

제4부

이런 저런

가상 유언장

남자의 평균 수명에서 보면 나에겐 살 날이 서너 해 밖에 남지 않았다. 물론 오래 살고 싶다는 보편적 욕심 따위도 이젠 내게는 없다.

왜냐하면 나는 살 만큼 살아왔다고 생각하기 때문이다. 또 건강도 웬만큼은 유지되어 왔기에 욕심도 후회도 따르지 않는다.

알고 보면 죽을 때까지 재산 따위를 남기는 일이 있어야 후회도 하는 법이고 또 다른 욕심도 생긴다.

사람이 머물렀던 자리는 깨끗해야 한다는 쉬운 얘기가 있다. 인간과 인간 사이는 물론이지만 줄 것도 받을 것도 없게 되어야 옳다는 뜻이다.

돌이켜 생각하니, 흔적도 재물도 남기지 않기란 여간 어려운 일이 아닌 듯싶다. 삶에는 꿈이 있기 마련이고 꿈이 있다면 그 값도 있기 십상이다. 그러나 내겐 재물이 없다. 있던 것은 이미 소진되었으므로 밝힐 것도 없다. 또 명예나 명성 따위도 별로 만들지 않았으므로 걱정할 바가 아니다.

자식들이 처리해야 할 내 주검에 관한 것도 방안만 있을 뿐이다. 그러니 아무려면 어떻겠나 싶다. 땅 속에 그냥 묻어버리는 일도 그렇고, 뜨거운 불로 태워 없애는 일이나, 그 재를 강이나 바다에 흩는 일도 괜찮을 성싶다. 입다 남긴 옷, 쓰던 연필, 저서 따위로 묘비를 세우는 일도 외국에선 더러 있는데, 그런 방법도 우리와는 다른 저들의 일이므로 여기 낱낱이 명세할 필요는 없다.

또 내 죽음에 누구라도 눈물 흘릴 필요는 없다. 나는 적당히 건강했고 또 내 나름의 행복을 추구해왔다. 남보다 많은 세상을 둘러보았고 이 지상의 여러 곳을 두루 경험했다. 그리고 숱한 길을 참 많이도 에둘러 보았다.

잠자는 시간보다는 깨어 있는 시간이 많았으므로 내겐 충분한 인생을 살아 만족해 하고 있다. 이토록 많은 시간을 다 활동했고, 여러 방면의 창작도 기꺼이 했다. 시간적 확대와 확장이야말로 나를 충분하게 만족시켰다. 많은 일을 하자면 많은 생각은 하기

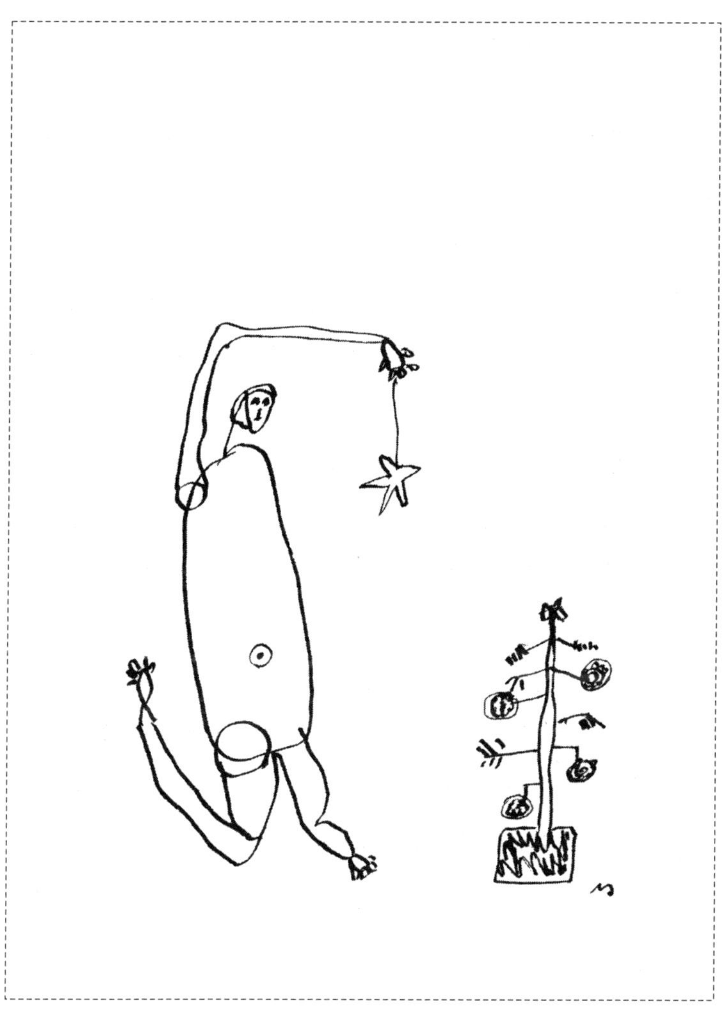

마련이다. 나는 늘 충족해 왔다. 그렇듯 많이 산 인생이다. 그러니 어찌 후회가 따를 수 있으랴.

다만 내가 처리하지 못하고 남기게 되는 것, 내 흔적의 어떤 부분, 내 삶의 후기 20여 년에 속하는 혜화동의 집필실, 거기 따른 조그만 일들은 어쩔 수 없이 남게 될 듯싶다.

낡은 가전제품 몇과 책상이며 의자들, 약간의 집기와 수집물들, '문학시대' 및 '마을'의 재고와 잔고, 또 사무실의 보증금 따위들이 그렇게 되리라.

이 얘기는 내 친구들에게 꼭 전하고 싶다. 사후의 이 문제는 아래 나열된 사람의 몫이 되었으면 한다. 그 역시 잘 처리되리라 믿는다. 이들은 내 집필실에 자주 왔었고, 정신적 물질적으로 큰 도움을 주었던 정든 분들이다.

유형, 무형의 그 모두를 합산하여 10등분하고 전옥주, 김용하, 박종철, 장민철 씨에 각각 1/10을, 박희영, 박종숙 씨에게 2/10를, 나머지는 '문학시대'와 '마을'에 한결같이 등분되었으면 한다.

실질적인 분배의 방식을 이들이 논의하게 될 때 각각의 것으로 분재해도 좋고, 합산하여 그대로 유지 운영되는 일에도 의견이 있을 수 없다.

아무튼 깨끗한 흔적을 위해 남겨 두어야 할 것이 있어선 아니 되겠다. 나는 후회 없는 삶을 살았다고 자랑하고 싶기 때문에 무(無)의 존재로 사라졌으면 한다.

사람의 거품

수능시험이 있을 때마다, 그리고 대학 입시가 끝나고 합격여부가 고시될 때마다 분야별 수위나 최고 득점자의 얼굴이 비쳐지면서 항용 묻는 말이 있다.

어떻게 공부하여 영예의 수석을 했느냐는 질문이다. 그에 대한 답은 언제나 동일하다. 한결같이 학교 공부에 충실했으며 복습을 거듭할 뿐, 과외는 일체 받은 적이 없다는 사실을 특히 강조한다.

물론 투철하기 그지없는 학생들이야 간혹 그런 일도 있겠지만, 이 세상에 그리고 그 흔한 족집게 과외나 고액의 과외 또 숱한 보습학원들은 그러면 어디에 소용되는지 아무리 생각해도 알 수가 없어진다.

예능에 관계되는 과외가 풍설 이상의 성행에도 불구하고 더 할 말이 없다. 엊그제는 음대 교수의 은밀한 고액 과외가 두 건이나 동시에 터져 언론의 지면을 장식했다.

또 국립대학의 교수 임용에 서너 명의 연루자가 카메라 앞에 삿대질과 욕설을 퍼부으면서 쇠고랑을 차는 장면도 연출되었다. 세상에 널리 떠도는 이야기로 교수 임용에 수억의 보증금이 필요하다는 낭설을 증명해 보이는 좋은 예도 흔하게 있었다.

혹자는 말한다. 의과 계통의 일본식 보기라는 아주 한가한 답변보다는, 모든 분야에도 대학 사회에 고루 통용되는 악담이라 해서 무시할 수 없는 주장이라는 말이 있다.

이런 일은 기성세대에만 만연하는 풍조는 아닌 듯싶다. 봄과 더불어 새로운 인생을 시작하려는 대학의 신입생 환영회에서 과다의 술을 억지로 퍼부어 목숨을 잃게 하는 풋내기 주정꾼들의 만용도 해마다 연속되고 있다.

그리고 오늘은 국회의원들의 떡값 시비가 꼬리를 감추기도 전에 판검사들이 떡값이라며 받은, 저 부끄러운 관행의 일로 치부하는 발언과 체면치레들. 그리하여 그것이 자꾸 키를 높이다 보니 오늘의 우리 사회는 전혀 쓸모없이 되어버렸고, 다시 나라의 체모(體貌)도 그 지경이 되어가지 않나 싶다.

앞서 입시 때 학생들에게 가르친 부모나 교사의 사주가 바람직하지 않았던 듯이, 그런 교수들의 임용이 거듭 되풀이 되고, 정치인들의 몰염치와 법조계의 뻔뻔스러움이 횡행하며, 학교에서는 물론 가정에서도 사회에서도 전혀 교육에 해당되는 일이 없어져 오늘과 같은 참담에 놓이게 되는 것은 아닐까.

오늘 아침엔 네 번이나 음주운전을 하다가 단속에 걸린 한 주부의 딱한(?) 사정을 고려해서 판사가 관용을 베풀었다는 보도가 있었다. 시각장애의 아들을 태우고 다녀야 하기 때문에 처음엔 경찰이, 그 다음엔 검찰이, 이번엔 판사가 선처를 했다는 웃지 못 할 사건을 전혀 달리 비판없이 보도하고 있으니 기가 찰 노릇이다.

본인은 물론이고 만일 음주운전으로 그 사랑스런 눈먼 아이의 생명을 위태롭게 했다면, 더 나아가 그로 하여 다른 여러 생명을 다시 위협한다는 사실을 도외시한 이 무지막지함에 대하여 정말 우리는 어떻게 생각해야 할까.

휴대전화 사용의 교양 없음과 무분별한 이용이 이 지구상에서 이미 5등 국민 밑으로 전락되고 있다는 사실을 안다면, 그리고 20년만 되면 금세 헐어버리고 아파트의 재건축을 꼭 해야 직성이 풀리는 의식수준이라면, 그리고 그렇게밖에는 지을 수 없는 건축

기술이고 또 그만큼의 수준이라면, 새로 지어 입주할 집의 안팎을 모두 헐어내고 다른 장식으로 거듭 치장해야 직성이 풀리는 돈의 위세에 의존하는 사람들이라면, 그 가능성은 전혀 없다고 해야 할 것이다.

상품에 붙은, 기업에 붙은, 제도에 붙은 거품 따위의 제거에 오늘을 다 소비하고 있다면 사람의 안팎에 붙은 거품도 완전히 덜어내야 옳은 세상이 될 것 같다.

황혼에 만난 사람들

예순을 넘겨서야 시작한 운동이니, 부득이한 일 아니면 탐탁잖은 소리를 들을 수밖에 없는 노릇이다. 그러나 특별히 건강이 나빠서이거나 게으름 따위로 누구의 권유를 받아서 나서게 된 것은 결코 아니다.

정말 우연이었다. 시카고에 좋은 친구가 있어 바람 쐬러 나섰던 길에, 그 아들네가 컨트리클럽의 필드 속에 집을 두고 있어서 산보 삼아 한 바퀴 돌아본 뒤다. 내 나이와 비슷한 한 할아버지가 어린 손자에게 공치는 법을 가르치는 저녁 한때의 풍광을 보고, 그리도 아름다울 수가 없다는 사실에서 이 일은 비롯된다.

골프가 오늘의 우리들처럼 대학입시나 프로선수로 등단을 시켜 미래의 큰 몫을 챙겨보자는 야심찬 설계로 꾸려지는 당찬 심사는

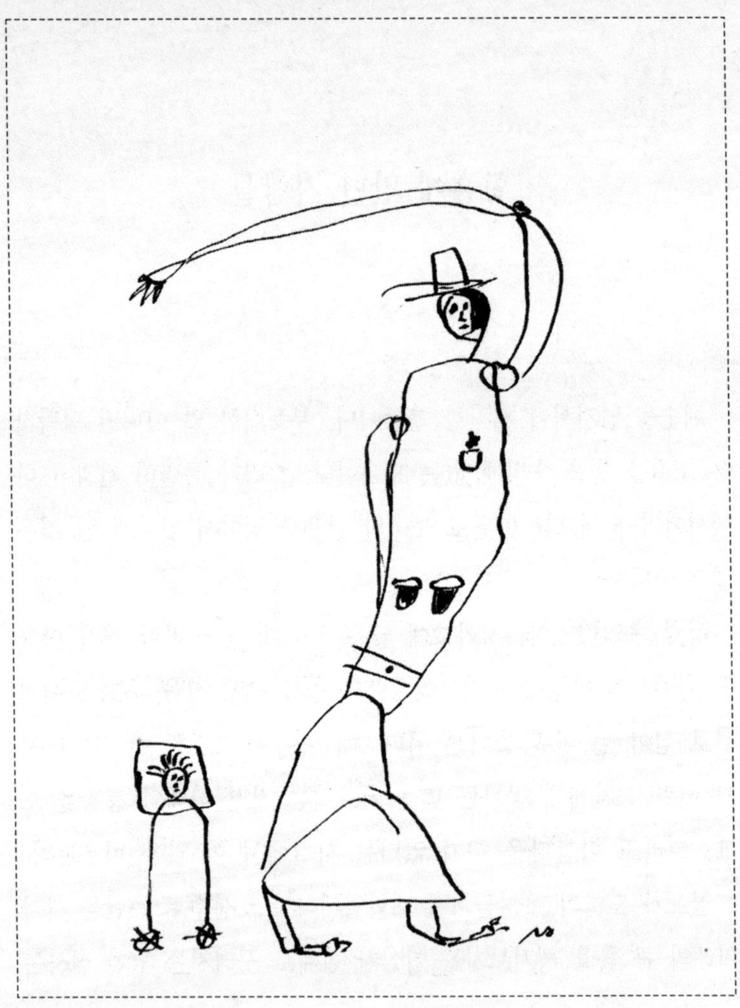

결코 아니란 것을 내가 알아챈 순간이었다.

여기서 내가 터득한 새로운 경험의 몇은, 첫째 할아버지와 손자의 아주 자유스러운 연습 광경과 그들 차림이 수수하고 자유분방했다는데 있다.

둘째는 부근 행사인지는 잘 몰라도 내 안내자와 거푸 인사를 나누는 클럽 안의 분위기로 보아, 거의 대부분이 그 동네 사람들로 비교적 예의범절을 차리고 있는 옷매무새를 보고 마뜩한 행사라는 사실에 있다.

또 다른 하나는, 몇 바퀴 숲 속을(그땐 그렇게 느꼈다) 돌면서 아주 자연스런 필드의 조성과 분위기가 어느 집 뒤곁을 노닐고 있다는 느낌을 자아내게 했다는 사실이다.

이런 여러 점으로 미루어 단순한 운동을 위한 빈 공간의 역할만을 강조한 것은 아니고, 동네나 이웃들을 위해 여러 시설을 마련해 놓고 그 정신 건강까지 아우른다는 점에 나는 유의하게 되었다.

물론 건너편엔 테니스코트와 수영장도 마련되어 있는가 하면 어린이 놀이터도 훌륭하게 조립되어 있었다. 가족들을 이끌고 나와 야외에서의 바비큐도 즐길 수 있고, 햇볕 바라기도 할 수 있는 여유로움을 고루 갖추었기에, 저들이 컨트리클럽이라 이름 붙여 그렇게 일컫는 모양이라고 생각되었다.

더욱 나를 놀라게 한 것은 버려진 습지나 둔덕을 잘 개간하여 그 쓸모를 몇 배나 더 자연스럽게 증폭시켜 훌륭히 이용하는 일이었다.

이런 몇 가지 경험으로, 이때까지 막무가내 자연 보호자였던 내 태도가 전혀 다른 각에 들게 되자 수필가 L씨와 P씨가 적극 권유하게 되어 낡은 클럽 일습을 물려받게 되었다.

5, 6년쯤의 애송이 경륜에도 불구하고 '노상 1백'이라는 이 어쭙잖은 실력은 모조리 열심히 걷는다는 사실 이외에 피력할 바가 못 된다.

내가 경험한 영국이나 유럽 또는 미주의 여느 골프장이든 정년을 훨씬 넘긴 할머니, 할아버지들이 동년배의 친구들과 함께 한가롭게 거니는 정경은 극히 긍정적인 것으로 받아들여지고 있다.

맵시만 내세운 여성화의 그 화려함이나 젊고 활기만 찾자는 평일의 정경은 우리의 앞날에 그림자로 드리워지는 일이라고 꼬집어도 보고 싶다. 내 친구 B씨의 말마따나 똥별(퇴역 장성)들이 얇은 주머니 사정 때문에 다른 곳엔 얼굴도 못 디밀고 그 사정을 이해하는 근교의 두어 골프장에만 이른 새벽에 나왔다가 저물녘에야 마지못해 귀가하는 현장(며느리나 딸들의 아이들 보아주기, 혹은 집 지키기가 두렵고 무서워)에서 내가 그렇게 살아내지 않는다는 기꺼움과 홀가분함에 안도해 열심히 나는 하얀 공을 힘으로만 두드리고 있는 셈이다.

노름과 놀음판

한 7, 8년은 족히 된 듯싶다. 가늠해 보건대, 클럽을 받아 놓고 몇 달 안되어 파푸아 뉴기니로 여행을 한 적이 있다. 아직도 식인종(食人種)이 살고 있다느니, 어떤 야릇한 풍습이 계속 유지된다느니 하는 곳이어서 무척 조심스럽다 생각했다.

그런데 우리가 묵는데서 그리 멀지 않은 곳에 골프장이 있다는 얘기를 듣고 차를 빌어 찾아가 보았다. 마운트 하겐(독일 사람이 개척하여 그런 이름이 붙었다 한다)의 1천 미터가 훨씬 넘는 구릉지에 오르니 목장과 비슷한 인상을 주는 광활한 필드가 전개되었다. 하늘 밑의 첫 동네와 같은 여건인지라 자라는 나무도 볼 수가 없었지만 파랗게 애봄의 풀밭이 여간 탐스럽게 안겨 오는 것이 아닌가.

적도 부근의 원시림 밀림 속에서 문명의 꽃다운 뜨락을 찾아낸 셈이라, 유혹당하지 않을 사람이 없을 것 같았다. 다행히 아주 낡은 클럽을 10달러에 빌리고 등산화 차림 그대로였어도 높은 산자락을 휘감으며 떠도는 구름을 바라보는 이 기분이란 세계 최고의 컨트리클럽을 주름잡는 바로 그것이었다.

그런 경험의 다른 한 예는, 인도네시아의 자카르타에서 옛날 옛적의 불교문화가 번창하던 7, 8백년 전의 유적지를 유람키 위해 갔었는데, 호텔이 골프장 한가운데 버티고 있어서 우리는 참새와 방앗간의 관계가 되고 말았다.

글을 쓰는 문사들 18명이 이곳을 거쳐 미얀마로 넘어갈 참이었는데, 관광 출발을 한 시간만 늦추면 여름의 새벽 골프를 즐길 수 있겠기에 사발통문(沙鉢通文)을 돌렸다. 여성 넷에 남성 둘이 응해와서 뜻 아니한 즐거움을 만끽했다.

그러나 우리 모두가 놀란 것은, 당시의 친환경이니 자연보호 등의 러시가 우리들 주위에서 무턱대고 손발을 묶던 시점인지라, 대부분의 문인들은 거기 가담해 있었는데 이처럼 드러내 놓고 많이 호응해 올 줄은 몰랐던 터이다.

두 팀으로 나누어 벌인 그 느닷없는 행동은 여행의 끝까지 우

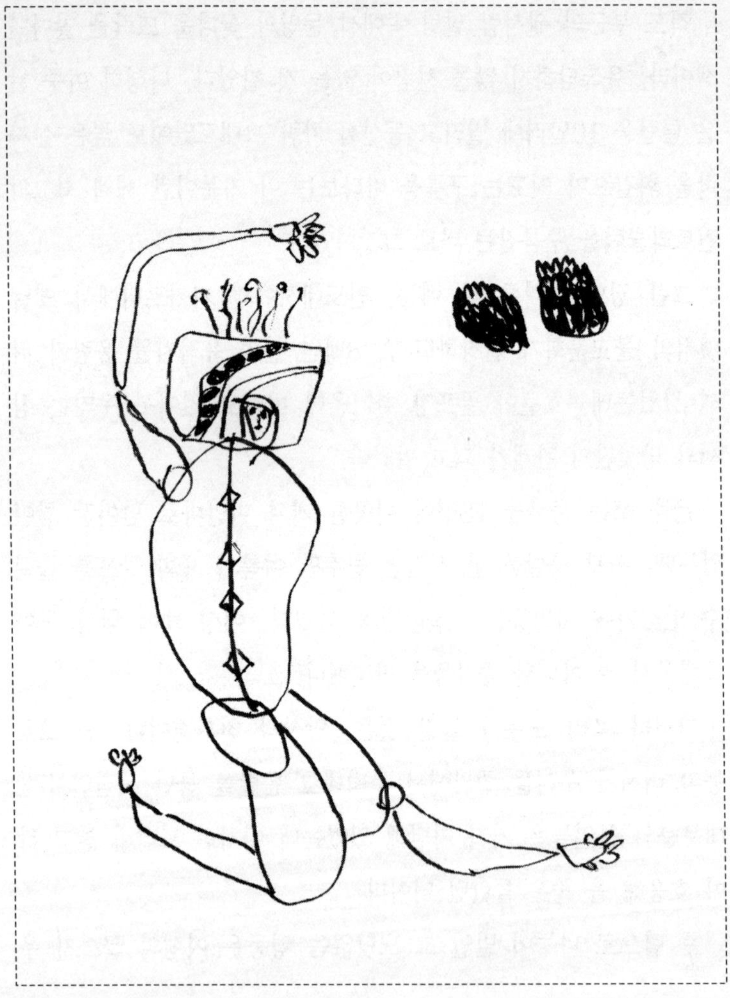

리를 아주 도도하게 해주었다. 이와 같이 자연스럽고 기운을 한껏 북돋워 주는 놀이를 그 이후 오늘까지 국내에서 경험하기란 참 어려웠다. 왜냐하면 우리는 우리 나름의 예의범절이 형성되어 있어서 그 기본을 아주 벗어나는 행동에 스스로 제동을 걸고 있었기 때문이다.

쉬운 예의 하나로 '내기 골프'란 것이 있다. 홀을 지날 때마다 주머니를 뒤져 돈을 꺼내고 셈을 하면서 내뱉는 그 아쉬움과 야유의 탄식이 큰 잘못이라도 치른 양 앞뒤를 따르는 이웃들을 많이도 흔들어 놓고 만다.

잘 차려입고 등장한 신사들이 필드를 돌면서 유쾌한 대화를 나누는 일은 의당한 노릇이다. 허나 어떤 종류의 내기를 하던 점수를 따지고 엄중히 규칙을 논하는 일쯤은 괜찮다 하자. 또 서로를 감시 감독하느라 지체가 되는 일도 그렇다고 하지만, 꾸겨진 현찰을 꺼내어 무슨 자랑이라도 하듯 셈하는 추태야말로 신사다움에 마냥 흙칠을 하는 꼴이 아니던가.

그런데 이런 행위가 아무 데서나 화투짝을 치던 때와 다름없다는 망신스런 추태임을 모른다니 부끄러움이 앞을 가린다. 내 손녀가 "할아버지, 뽀뽀" 하며 달려든다. 꼿꼿하게 목을 세우며 똑

바로 눈을 뜨고 다가오기에 나도 그 모양 그대로 입술을 뾰족하게 오므린다. 입술을 갖다 댄 손녀는 뒤로 몸을 빼면서 "그건 거짓이야" 하고 소리친다.

손녀의 주장은 진실로 사랑하는 사이엔 "목을 갸우뚱하게 하며 눈을 감아야 한다"고 주장한다. 입맞춤의 진실과 그 속성을 날카롭게 추적한 말이다. 이런 사실을 알고 있는 우리가 쉽게 아내나 자식의 이름을 빌어 클럽의 주인된 도리를 잊은 듯 예사롭게 예약을 한다. 여자끼리 몰려다니는 모습도 좋게 보이진 않지만, 남자끼리만 쏘다니는 광경도 결코 칭찬 받을 일만은 아닌 성싶다.

신사는 신사의 도리와 속으로부터 우러나는 향기가 있어야 한다. 소득이 몇 곱절 높아지고 학력이 아무리 아득해도 오늘의 우리 사회와 같다면 그저 노름을 즐기는 일이지 놀이의 놀음판 노릇은 할 수가 없으리라 생각된다.

졸부들의 나들이

부(富)의 축적만이 행복이라고 믿는 오늘날, 오히려 가난도 행복일 수 있다는 기사가 신문과 TV에 종종 비친다. 세 아이를 데리고 인적이 드문 골짝으로 숨어들어 자급자족의 영농생활을 하면서, 문명에 혹 오염될까봐 아이들을 학교에 보내지 못하는 젊은 내외를 보았다.

그런데 오늘은 원시림의 설피마을에 자식 둘을 데리고 들어간 젊은 가장을 신문에서 소개받았다. 눈이 쌓이면 5개월은 고립된다는 '꽃님이네'다. 고된 살림과 노동 때문에 몸살을 앓을 짬도 없다니, 저들이야말로 가난이 얼마나 높은 행운의 지수가 되는지 모르겠다 싶을 정도이다.

문명(文明)을 등진(오히려 내동댕이 쳐버린) 이들의 시간은 심심함을 벗어난 겸손의 재미로 그득하다고 해야 옳으리라. 마음 놓고 먹을 수도 없는 오늘의 현실에 비겨 천국의 식단이 저들의 양식이며 또 문을 잠가야 안심하는 우리들의 거처에 비기면 그들의 삼간누옥은 완벽한 휴식처일 것이다.

그래서 저들은 버린 것의 몇몇 곱절만큼 순수와 자연을 얻고 있는 셈이다. 얼만 전에는, 골퍼들이 지난해에 어느 만큼의 외화를 들고 나가서 탕진하고 돌아왔는지 그 수치를 공개하더니, 그보다는 허용의 한도를 넘어 클럽을 대여해내는 달러만 계산해서 자신의 것을 직접 들고 나가도 괜찮다는 이 지상에는 다시없는 규제를 풀어주기도 했다.

한 번 빌려 쓰는데 드는 5, 60달러의 어리석은 셈법에 비기면, 동남아 여러 나라에 가서 캐디는 말할 것도 없고 의자를 들고 쫓아다니는 사람값, 물수건과 파라솔을 들고 다니는 사람값, 별의별 시중꾼들을 다 거느리는 그 숫자놀음은 어디에 숨어버렸는지 참으로 알다가도 모를 일이다.

이런 사태는 자연과의 친화라는 골프의 생리나 철학과는 너무도 동떨어진 일이 아닐까. 더욱 난감한 것은, 애써 그 먼 나라까지 가서 단순히 그 짓만 몇 며칠 거듭 되풀이하다가 돌아서는 아

이러니를 곰곰이 생각해 보지 않고는 알 도리가 없다. 18홀이 모자라서 36홀을 돌고 들어와선 자고 다시 첫바퀴 몇 번을 거듭하는 저 아뜩함은 어떻게들 풀이해야 할지 모를 일이다.

이제는 숫제 접대할 사람을 세내어서 그 먼 곳까지 데리고 나가야 할 판국에 이르렀으니 여간 곤혹스럽지 않다고들 한다. 왜냐하면 접대비의 50만원 하한선 때문에 여간한 국내의 골프장에선 여러 조각의 영수증을 위조해 얻기가 힘이 든다니, 이왕이면 전혀 표가 나지 않는 그런 곳으로 모시고 나가야 한다는 것이다. 세 사람의 골퍼를 기준으로 계산하면 1회에 7, 80만 원선은 쉽게 넘어간다. 지어미나 처남 혹은 동서와 비서의 카드를 빌리더라도 거푸 그렇게 끊어 계속할 수가 없기 때문이다.

아내와 자식의 이름까지 동원하고, 그래도 모자라면 숱한 친족의 명패까지 빌려 부킹을 해놓고 클럽의 명칭까지도 고쳐서 매다는 것은 여간 성가신 일이 아니다. 그렇게 해봤자 돌아 나오기가 너무도 바빠 자연과의 친화란 꿈에도 생각하지 못한다. 왜냐하면 일요일의 번잡은 말할 것도 없고 평일에도 예약의 힘들기란 마찬가지 아닌가. 골프 인구의 급작스런 팽창이 주원인이겠지만, 기피업종의 근무자 일당이 하늘 높은 줄 모르게 치솟아 사흘만 일하고 이들은 족히 골프를 즐길 수 있다고 한다.

좀 부한 티라도 내고 싶으면 일찍이 대접할 사람을 먼 나라로 모시고 나가서 흡족히 접대하는 것이 절약면이나 편리면에서 훨씬 유리하다는 결론에도 이를 것 같다.

앞서 얘기한 바와 같이 친자연(親自然)의, 혹은 환경보호의 차원에서 보아도 훨씬 더 자연스런 저곳의(다듬기로 보아 우리의 것들보다는 많이 어리숙하고 원시적인) 필드가 푸근한 맛을 안겨 준다 한다. 거기에다 낯설기라는 효과도 덧보태어지기 때문에 뇌물성의 성과는 극대화되기 마련인 법.

애써 국내에서의 무리함보다는 더없이 마음 편하기에, 그리고 졸부(猝富)의 고장에서보다는 엄청나게 자유로운 즐김이 따른다는데 무슨 수로 그 궁색을 변명하리.

아름답게 즐기기

새벽 다섯 시가 되기 전에 나는 집을 나선다. 가까운 거리에 있는 연습장으로 가서 문을 열어달라고 두드리다시피 한 다음 3층의 라커룸에서 클럽을 꺼내다 내 자리에 놓는다. 다섯 시 반부터 전기를 넣으면 공이 나오기 때문에 이른 아침에 모이는 사람끼리 얼마 안 되는 회비를 거두어 새벽차를 즐기는 일이 일과로 되어 있다. 10여 년 정도의 나이 차이는 있으나 그만한 또래의 연배들인지라 비교적 호흡이 맞아 오래 지속되어온 모임이다.

어제 아침엔 별로 낯이 익지 않은 분이 혼자 떨어져 퍼팅 연습을 하고 있기에 청하여 함께 커피를 마시며 인사를 나누었다. 얘기 끝에, 엊그제 모처에서 퍼터(putter) 하나를 구입했는데 얼마나 값이 싼지 모르겠다며 우리에게 감정을 의뢰했다. 1십만 원미만의 그 물건은 내가 보기엔 새 물건이나 다름없어 여러 차례 아래위를 살폈으나 그 진위를 가릴 수 있는 안목은 되지 못해 입을 다물고 말았다. 옆의 한 분은 그렇게 싼 물건이 아니라며 무슨 곡절이나 사정이라도 있는 게 아니겠느냐고 했고, 다른 한 분은 도난 물품을 새롭게 단장한 것으로 그럴 수도 있다는 품평을 쏟아냈다.

그런 경험은 나에게도 딱 한 번 있었다. 강남의 종합운동장 옆 탄천을 끼고 도는데 약간의 여유로운 도로 옆으로 '싸게 파는 골프'란 글씨가 붙어서 잠시 차를 세웠다. 아무런 식견도 없던 시절이긴 하나 스푼이 필요하다는 소리를 들어 아는지라 무턱대고 다가가 쓸 만한 것을 보여 달라고 했다. 한두 번 스윙 흉내를 내보고는 값을 물었다. 45만원이라고 말하면서 싸게 부르는 값이라 했다. 나는 선뜻 반값이면 사겠노라고 아는 체를 해보였다. 몇 번 승강이를 하지 않고 결정이 되어 의기양양한 걸음으로 내 클럽에 들어왔다.

그 다음날 아침 모임에서 나는 그 스푼의 첫선을 보였다. 그러나 그렇게 쉽게 구입해서는 안된다는 핀잔을 듣고 뉘우침을 했으나 이미 쏟아 놓은 물이었다. 다 망가진 것을 수선하여 몰골만

잡아놓은 것으로 판정을 받아 단 1회의 사용으로 그수명을 그만 종식시키고 말았다.

전문가의 눈에는 그 결점과 생애가 다 드러나는 모양이지만 전혀 안목을 갖추지 못한 나의 설고 어설픈 눈엔 그 값만 비쳤던 모양이다.

그런 예와는 달리, LA에 갔을 때 친구와 함께 돌았던 컨트리 클럽에서 참으로 여유롭게 즐기는 나이든 부부의 모습에 감탄을 금치 못했던 적이 있다. 클럽을 빌려 18홀을 돌다가 우연히도 드라이버의 값 이야기가 나왔다. 그런데 내 친구가 가진 1천 달러에 가까운 드라이버의 어마어마한 값 때문에 노인은 나자빠질 정도로 깜짝 놀라는 것이었다.

그와 같은 엄청난 하나의 골프채를 일찍이 본 일이 없다며 몇 번이고 거듭 만지고 살펴보는 모습이 도리어 우리에게는 신기하게 여겨졌다. 물론 그 부인도 마찬가지였다. 그 노인은 자신이 치던 드라이버를 들어 보이며 40달러를 주고 산 중고품으로 1년 반 전에 바로 그곳 클럽하우스에서 구입해 지금도 아무 탈 없이 잘 쓰고 있다고 했다. 덧붙인 얘기는, 구입의사가 있어서 세 번쯤 라운드를 하면서 시타를 해보고 그 뜻을 확정했다는 것이다.

이런 얘기에 비하여 우리의 실정은 중고를 클럽하우스에서 구할 수도 없을뿐더러, 뜻이 있어도 몇 차례 들고 나가서 신품이든 구품이든 시험적으로 사용케 하는 곳도 없다.

나는 지금도 10여 년 전에 친구가 물려준 낡고 무거운 구식 채로 필드를 찾고 있다. 물론 내 체형에, 그리고 취향에 맞는지 어떤지는 잘 모르겠지만, 적당한 방향으로 적당한 거리를 나가주면 된다는 미련에 묶인 채 얼마의 즐거움을 만끽하고 있다.

한 달이 못되어 불만스러운 클럽을 자주 바꾸는 이웃도 있다. 또 패션쇼에 출연하는 듯한 여자 친구도 이따금 본다. 그리고 그런 사치를 즐기는 사람이 많기에 백화점의 골프숍은 늘고 있을 것이다. 대중화란 뜻이 참되자면 많이 달라져야 할 듯싶다.

행운의 숫자

살아온 내력으로 절기 중의 봄이란 차곡차곡 빛깔의 층계를 딛고 여름 더위로 나아가는 계절인 듯싶다.

그러나 올해 봄은 일찌감치 초여름 날씨였다가 또 한기까지 들게 하는 등 뒤죽박죽이었다. 그래서인지 아니면 지구의 온난화 덕분인지 한꺼번에 꽃빛을 다 드러내게 하여 우리로 하여금 한참을 넋 놓게 했다.

오히려 금년 4월 18일(일요일)은 봄날로 따져 좀 늦은 감이 있는 듯싶었다. 필드는 아직도 떡밥(모래뿌림)으로 잔디의 순이 엎디어 있어서 최상의 컨디션은 아닌 것 같았다. 급하다고는 할 수 없으나 우리도 마음의 단장을 하고 안성의 양성면에 있는 한 클럽으로 향했다.

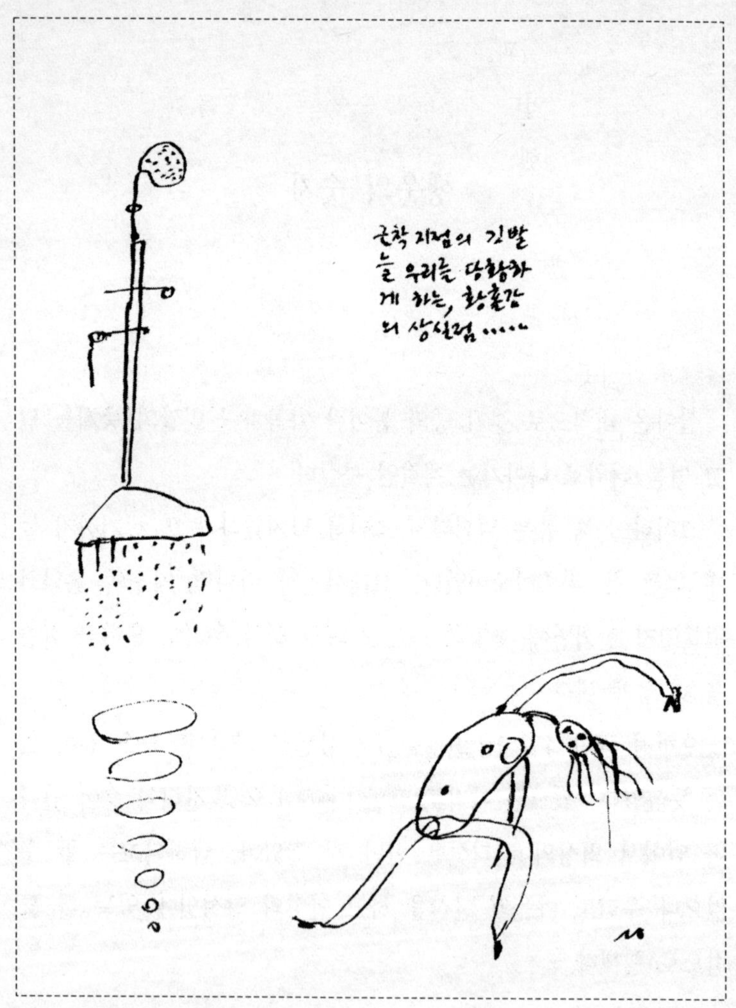
순착 지점의 깃발
들 우리를 당황하
게 하는, 황홀감
의 상실감……

일행은 지인 둘과 나 이렇게 셋이었다. 이 가운데서 실력이 가장 서툰 나는 어디서건 대우를 받아 이날도 오너의 앞자리에서 첫 티샷을 감행했다. 긴 겨울나기로 꽁꽁 굳어버린 어깨며 팔다리와 허리를 두서너 번의 드라이버 연습만으론 풀 수가 없었던지 거듭 실수를 했다.

지인들이 실수를 눈감아주는 사이 세 번째의 짧은 홀(파3)에 이르렀다. 이곳의 크리크 코스 3번 홀은 내가 다녀본 곳 중에선 비교적 짧은, 그것도 이날따라 그린 앞쪽에 깃발을 꽂아두었기에 쉽게 올릴 수가 있었다. 나로선 처음 경험한 근착지점이었기에 자못 흥분할 수밖에 없었다.

그런데 그게 아니었다. 지인 중 한 명이 내 뒤를 이어 아이언으로 볼을 가볍게 두드렸다. 내가 보기에도 그린의 가장 자리에 떨어진 그의 볼이 깃발 가까이로 뒤뚱대고 가더니 슬쩍 자취를 감추는 게 아닌가. 순식간에 벌어진 일이고 또 나로선 그런 경험이 없었던지라 멍한 찰나에 캐디가 소리를 쳤다. 우리 3인은 그 소리에 놀라 덩달아 소리를 질렀다.

'홀인원.' 얘기로만 듣던 기적을 나는 준비 없이 받아들였다. 그러나 그날 종일 나는 그 장면에 사로잡혀 있었던 것이 사실이다.

'홀인원'의 당사자인 지인은 아직도 실감나지 않는지 과거 용평에서 경험했던 순간의 이야기를 하는 것이었다.

그때 그린에 당도한 볼은 기세도 좋게 굴러 바로 홀 앞에 당도하자 왠지 낭떠러지에 기가 질렸는지 호기로움을 그만 버리더라는 것이다. 어디선가 한 줄기 바람이라도 혹은 땅의 엉뚱한 움직임이라도 왔으면 하는 기대를 하고 있는 모습이었다고 한다. 캐디는 물론 일행과 함께 떨어질 순간을 한참이나 기다렸으나 끝내 소식이 없어 큰 실망을 하고 물러났던 때의 기억이 새삼스럽다고 술회했다.

그런 얘기는 참 많이도 들어왔다. 눈이 오는 어느 날의 겨울골프에서 얻은 고달픔은 미친 사람들이 저지르기 쉬운 난센스에 다름 아닐 터이다. 그날따라 준비가 안 되어 다른 사람과는 달리 흰 볼을 칠 수밖에 없어 티샷을 하고 가까이 다가가 보니 그 볼이 어디로 튀었는지 찾을 도리가 없어 슬그머니 예비 볼 하나를 주머니에서 꺼내 세컨을 하고, 이어 그린에 가보니 홀 안에 흰 볼 하나가 먼저 와서 곱게 엎디어 있었다는….

이런 낭패는 쉴 틈 없이 듣는 비정직의 우스개에 속한다. 십수년의 경륜을 가진 내 동행 두 사람과 몇 년밖에 되지 않는 나까지 합쳐 단 한 번의 이런 요행도 있지 않았으니 그날은 분명 진기록에 속하는 일임에 틀림이 없었다.

물론 그 누구든 '홀인원'은 요행으로 친다. 요행이란 뜻밖의 일을 가리킨다. 느닷없이 복을 바라는 행운의 수를 의미한다. 만일 이런 말을 대학의 입학이나 직장의 시험에 붙여 말한다면 욕되는 경우도 있다. 직장에서의 승진이 요행으로 된다면 열심과 노력 따위는 도외시되기 때문에 모욕이 될 수밖에 없다.

이런 요행으로 그 기념의 나무들이 골프장마다 가득하다. 이름패도 큼직하게 걸려 있다. 그러나 우린 그런 일은 하지 않았다. 증인인 우리들의 분수에 알맞은 작은 기념품으로 그를 축하했을 뿐이다.

우리말로 하면 탈나나

라디오나 텔레비전의 스포츠 중계방송을 보면서 그 종목에 상관없이 가장 낯선 중계 언어는 북한어가 그 첫째이고, 골프에 한해서는 한국어로 중계하는 경우가 그 두 번째쯤 되는 듯싶다. 새롭게 개발되어 익숙하지 않은 종목이라도 대개는 오래지 않아 일반화되고 보편화되어 특수 전문어 외에는 알아듣기가 쉬워진다. 그러나 골프는 장시간 또는 아주 넓게 보급이 되고 익숙해져서 경기법칙과 규정을 이해한다 해도 대부분의 용어가 영어로 해설되기 때문에 일반인에게 납득되기란 쉽지 않은 듯 보인다.

우리의 낭자군이 매번 세계를 제압하고 두어 사람의 남성 골퍼들이 더러 10위권에 들어, 국민적 관심사로 연일 텔레비전 앞에 모여 앉는 진풍경을 자아내어도 외래어 투성이의 그 설명엔 가끔 낯이 뜨거워지는 때가 있다.

"러프에서의 어프로치는 그립을 느슨하게 하지 말고 임팩트를 강하지 않게…."

이 말을 우리말로 완벽하게 바꾸어 놓으려면 상당한 연구를 해야 한다. 러프(Rough)는 잔디 주변의 길게 자라 억세어진 지역을 가리키는데, 어떤 말의 표현이 이해가 빠른 말이 될지 한동안 망설여진다. 어프로치(Approach)는 대개 샷(Shot)이 붙거나 퍼트(Putt)란 말이 붙어서 쓰이는데, 그린(?)까지의 거리가 가까운 데서 핀을 겨냥하는 경우의 어프로치 샷을 일컫는 말이다. 그리고 임팩트(Impact)는 클럽의 헤드(?)가 볼에 맞는 순간을 말한다. 이런 종류의 아주 쉬운 말들은 말할 필요도 없이 골프를 배우기 시작할 무렵에 익히는 용어이다. 하지만 경제적 여건이나 사회적 입지가 용이한 중년 이후에나 가능해져서 이미 무디어진 연배에선 그리 쉬운 학습이 아닌 듯싶다.

처음부터 끝까지 철저히 영어권에서 들어온 이 운동의 모든 용어가 다 영어만으로 된 것을 지금 나무랄 수는 없다. 보편화되고 대중화된 오랜 역사여서 다른 종목의 스포츠의 예와 같이 그 모든 것을 국산화시켜야 한다고는 생각지 않는다. 국제화와 세계화

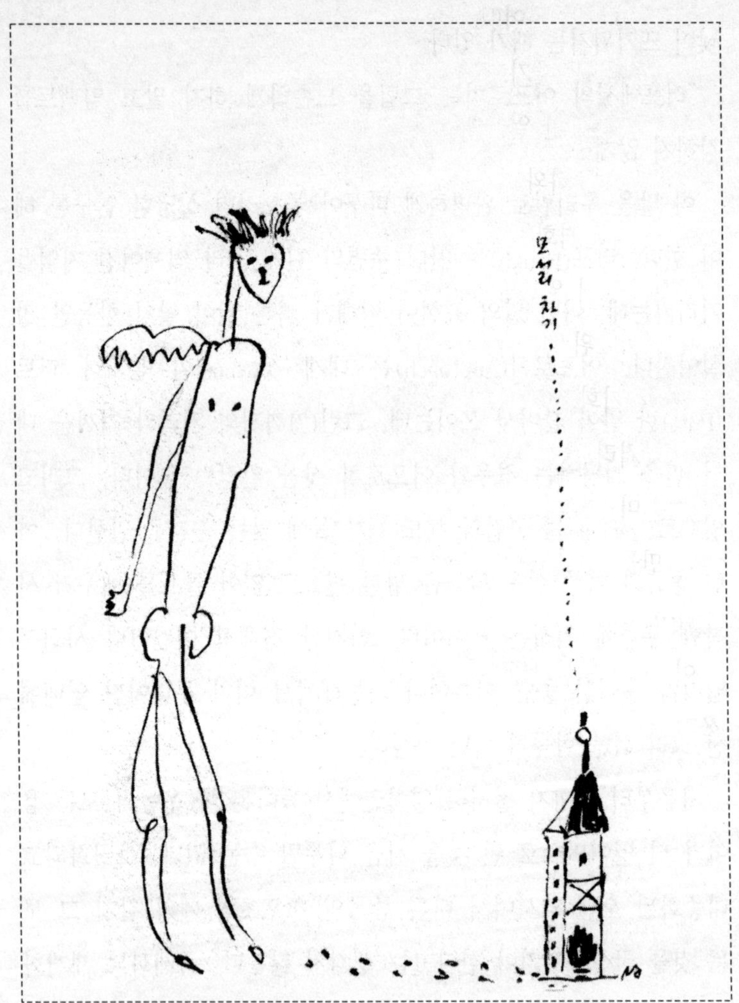
모서리 차기

에 발맞추는 것이 어떤 흉내여서 마치 앵무새 수법과 같은 일은 아니기 때문에, 즐기고 널리 보급할 수 있는 길이라면 그렇게 해 주는 것이 타당한 일이 아닌가 한다.

골프의 일반화와 대중화가 갖는 의미는, 계층의 상하위 개념, 빈부(貧富)의 격화감을 벗어난다는 시각으로 보면 오늘날 상당히 민주화가 되어 있다.

그러니 소위 기피 업종에 종사하는 사람들도 당당히 이 스포츠를 즐길 기회를 가져야 할 것도 당연하다. 그런데 그런 여건을 갖기엔 거리감 때문에 여간 어렵지가 않다. '핸드다운 때문에 어프로치 미스', '백스핀이 걸린 피치 샷', '어드레스 때 임팩트의 형태를 만들어라', '드라이버 샷이 큰 훅이 나온다', '저스트 미스의 느낌…'.

이루 헤아릴 수 없을 정도의 외래어에다 우리말 토씨만 붙여서 쓰기 때문에, 기억력이 좋지 못한 내 나이 또래의 사람들은 두어 번도 더 영어 단어를 우리말로 옮기고 그 말의 동작과 지점의 분위기를 다시 되짚어 연결시켜보아야 간신히 이해가 가능해진다.

'모서리 차기'라든가 순수한 우리말의 축구 용어를 북한에서 쓴다곤 하지만 처음 몇 차례의 어색함을 넘어서면 예사롭기가 그지

없다. 잠시 차례를 기다리는 숏 홀에서 자주 듣게 되는 '기브'라는 말, 쉽게 입에서 쏟아지는 '오케이'라는 단어들, 물론 실제 하는 일이긴 하지만 "우리 이러지들 말고 영어로 하자"고 상대가 말할 때 가끔 얼굴이 붉어지는 이유는 나만의 어색함만은 아닌 것 같다.

상위 골퍼들만 이해되어도 안 되고 세미프로만 통용되어도 안 되는 시대에 와 있다. 아마추어를 넘어 일반 국민의 관심에까지 닿고 있는 현실을 생각하면, 나아가 우리 낭자군들이 세계를 누비는 국제화의 무대를 오늘도 지켜보노라면 응당 쉽게 이해되는 말로 통일을 기해야 옳을 것이다.

영어 '만능'시대는 우리말로 쉽게 이해될 때만이 가능하다. 관계협회와 같은 곳에서 되풀이 되는 이 노릇을 반드시 해결해야 할 일인 듯싶다.

소소리
소소리
소소리